本书系国家社会科学基金教育学青年课题
"社会分层视角下我国家庭教育投入行为研究：影响效应和理性决策分析"
（CFA190251）资助成果

◎ 现代教育治理丛书

家庭教育投入决策研究

经济、时间和情感

李佳丽 —— 著

A Study of Decision-Making on
Family Educational Inputs

Money, Time and Emotions

浙江大学出版社

·杭州·

图书在版编目（CIP）数据

家庭教育投入决策研究：经济、时间和情感 / 李佳丽著. -- 杭州：浙江大学出版社, 2024.11. -- ISBN 978-7-308-25625-4

Ⅰ.G78

中国国家版本馆CIP数据核字第2024B4X258号

家庭教育投入决策研究：经济、时间和情感

李佳丽　著

策划编辑	吴伟伟
责任编辑	陈思佳（chensijia_ruc@163.com）
文字编辑	谢艳琴
责任校对	陈逸行
封面设计	雷建军
出版发行	浙江大学出版社
	（杭州市天目山路148号　邮政编码310007）
	（网址：http://www.zjupress.com）
排　　版	杭州林智广告有限公司
印　　刷	杭州高腾印务有限公司
开　　本	710mm×1000mm　1/16
印　　张	13.25
字　　数	183千
版 印 次	2024年11月第1版　2024年11月第1次印刷
书　　号	ISBN 978-7-308-25625-4
定　　价	68.00元

版权所有　侵权必究　　印装差错　负责调换

浙江大学出版社市场运营中心联系方式：0571-88925591；http://zjdxcbs.tmall.com

序

　　李佳丽是我指导的硕士，自她于2015年从北京师范大学毕业，到香港中文大学教育学院攻读博士学位，一转眼已近十年。最近几年她十分关注影子教育与家庭教育投入问题。她与我合作发表了三篇相关主题的文章，主要从教育经济学和教育社会学的视角来考察家庭教育投入与青少年学业发展的关系。该书是她主持完成的国家社会科学基金教育学青年课题"社会分层视角下我国家庭教育投入行为研究：影响效应和理性决策分析"的主要研究成果，也是她在家庭教育投入领域研究成果的集中体现。

　　该书从经济、时间、情感投入的视角开展家庭教育投入决策研究，基于教育生产函数理论和社会再生产理论，探究了不同形式的家庭教育投入对学生发展的影响及其作用机制，对科尔曼社会资本理论等进行了检验。该书的重要学术价值在于揭示了不同阶层通过家庭教育投入选择实现教育代际流动的路径，并且尝试分析"寒门出贵子"的内在机制，为有关教育补偿和家庭教育投入的政策制定提供了极具参考价值的经验证据。该书不仅视野开阔、数据资料翔实，而且研究思路清晰、框架合理、方法得当，对于希望了解当下中国家庭教育投入情况的研究者来说，是一本不可错过的学术著作。

　　该书是李佳丽毕业以后独立完成的第一部学术著作，我很高兴能够看到她在学术研究道路上快速成长，并在家庭教育投入研究领域收获颇丰，于是欣然为序。

胡咏梅
北京师范大学
2024年7月

目 录
CONTENTS

第一章 导论——家庭教育投入为何重要 …………………………… 1
    第一节 研究缘起 …………………………………………………… 1
    第二节 家庭教育投入的内涵和分类 ……………………………… 6
    第三节 家庭教育投入对学生发展的影响综述 …………………… 8
    第四节 研究内容 ………………………………………………… 15
    第五节 研究价值 ………………………………………………… 17
    第六节 本书结构 ………………………………………………… 18
    第七节 数据、变量、方法 ……………………………………… 20

第二章 经济投入——课外补习对学生发展的影响 ………………… 31
    第一节 他山之石——课外补习是否有用 ……………………… 32
    第二节 实证探究——课外补习的均值和异质性影响 ………… 37

第三章 时间投入——父母参与对学生发展的影响 ………………… 55
    第一节 父母参与和社会资本理论 ……………………………… 55
    第二节 家庭内外父母参与对学生发展的平均和异质性影响 … 57

第四章 情感投入——家庭教养方式对学生发展的影响 …………… 73
    第一节 家庭教养方式的内涵 …………………………………… 73
    第二节 家庭教养方式对学生发展的平均和异质性影响 ……… 75

第五章 替代还是补充？——经济和时间投入作用的内在关系探究……89
第一节 研究问题的提出……………………………………… 89
第二节 研究结果………………………………………………… 91
第三节 研究结论和建议……………………………………… 101

第六章 谁更重要？——经济、情感和时间投入的作用比较………… 105
第一节 研究问题的提出……………………………………… 105
第二节 研究结果………………………………………………… 106
第三节 研究结论和讨论……………………………………… 114

第七章 不同家庭该如何作出教育投入决策——经济、时间、情感投入的中介作用…………………………………………………… 117
第一节 家庭背景与学生发展：家庭教育投入的中介作用……… 117
第二节 研究结果………………………………………………… 121
第三节 研究结论和讨论……………………………………… 128

第八章 父母参与如何产生作用：教育期望差异和学生发展………… 132
第一节 "望子成龙""望女成凤"……………………………… 132
第二节 理论基础和问题提出………………………………… 134
第三节 研究结果………………………………………………… 139
第四节 研究结论和讨论……………………………………… 149

第九章 "寒门子弟"如何冲破藩篱？………………………………… 151
第一节 "寒门子弟"面临的困境和突破……………………… 151
第二节 理论阐述和问题提出………………………………… 153
第三节 研究设计………………………………………………… 158

第四节　研究结果 …………………………………………… 164
　　第五节　研究结论和讨论 …………………………………… 171

第十章　结论 …………………………………………………… **174**
　　第一节　主要研究结论和建议 ……………………………… 174
　　第二节　主要贡献和不足 …………………………………… 180

参考文献 ………………………………………………………… **184**

后　记 …………………………………………………………… **204**

第一章　导论——家庭教育投入为何重要

第一节　研究缘起

一、家庭教育研究热点趋势变化（1992—2022 年）

家庭教育在学生能力发展、教育获得过程中扮演着重要角色。为了"不让孩子输在起跑线"，家长通过教育消费、父母参与、情感支持等方式深度介入孩子的教育。2017 年北京大学中国教育财政家庭调查研究显示，我国家庭教育支出水平和规模均处在较高水平，全国基础教育阶段生均家庭教育支出为 8143 元（陈涛等，2019）。2015 年，我国北京、上海、广州等特大城市的家庭年人均教育支出就达到 5441.1 元，三口之家的年教育支出高达 16000 元，家庭藏书量达到 177.7 本（刘保中，2018）。除了教育经济支出，基于全国代表性调查 2014—2015 年数据的分析显示，我国每周为孩子检查作业、指导功课四天及以上的父母占比分别为 32.2%、20.8%，经常与孩子讨论心事和烦恼的父母占比为 36.4%，经常与孩子讨论学校事情的父母占比为 37.7%。[①] 部分人认为，教育竞争的压力带来的学校教育和

---

① 本书中的中国教育追踪调查（China Education Panel Survey, 简称 CEPS）数据源自中国人民大学中国调查与数据中心，网址：https://ceps.ruc.edu.cn/。

家庭教育的两面"夹击"会增加孩子的学习压力，也会给家庭带来巨大的经济、时间和情感负担。或许是因为父母对子女教育的资源、时间、情感投入过多，我国家庭教育已经出现"过度育儿"的现象。但 Doepke 和 Fabrizio（2019）并不支持"过度"这一说法，他们指出，如何养育孩子与社会不平等程度、教育回报率密切相关，在收入不平等程度较高并且教育回报率也较高的情况下，父母管束子女的行为、督促子女学习，让他们考上好的大学，是一种追求高回报的"理性"行为。

随着家庭养育给父母和孩子带来的负担加重，社会关于养育焦虑的话题渐显，家庭教育研究近些年成为学者和政策制定者关注的重点。习近平总书记在会见第一届全国文明家庭代表时的讲话（2016 年 12 月 12 日）中强调了家庭教育的重要意义（习近平，2016）。同年，全国妇联、教育部召开的全国家庭教育工作电视电话会议提出要最大限度地发挥家庭教育在价值引导、道德教化方面的作用。《关于指导推进家庭教育的五年规划（2016—2020 年）》也提出："强化家长家庭教育主体责任，提高家长家庭教育水平。"继 2020 年修订的《家长家庭教育基本行为规范》颁布后，2021 年第十三届全国人民代表大会常务委员会第三十一次会议通过了《中华人民共和国家庭教育促进法》（简称《家庭教育促进法》），从法律义务层面规范了家长的教育行为，指出父母或者其他监护人应当树立家庭是第一个课堂、家长是第一任老师的责任意识。家庭教育不仅有利于促进孩子的全面健康成长，而且对于社会和谐、民族进步、国家发展有着重要的意义。

随着国内聚焦家庭教育的研究开始增多，为了更清晰地看到家庭教育研究聚焦内容的变化，我们尝试采用 CiteSpacer 软件，选取 CNKI（中国知网）数据库里的中文核心期刊和 CSSCI（中文社会科学引文索引）期刊作为数据样本，以家庭教育相关的关键词为搜索内容，对 1992—2022 年家庭教育领域 30 年来的 1367 篇研究文献进行关键词突现分析，以了解我国家庭教育研究在不同时间段的前沿动态。通过图 1-1 可知，1992—2022 年我国家庭教育研究共有五个突现关键词,按照起始年份排序,分别为教育消费(2000—2008年)、教育投资(2007—2011年)、大学生(2011—2015年)、流动儿童(2015—2018年)、父母参与(2020—2022年)。其中,教育消费和教育投资是家庭教育中父母为子女提供的经济投入;父母参与包含基于家庭的父母参与,如父母与孩子沟通交流(亲子交流)、父母检查作业和指导功课(亲子监督)、父母陪子女吃饭读书运动(亲子陪伴)、父母陪子女参加文化活动(亲子活动)等,以及基于学校的父母参与,如父母和教师、子女的同学或其他家长的交流等(家校沟通),更多体现了父母对子女的时间和情感投入(李佳丽和何瑞珠,2019;卢春天等,2019;武玮和李佳丽,2021);大学生这一关键词的突现意味着家庭教育研究的对象开始从处于基础教育阶段的儿童转向受高等教育的大学生,从关注家庭教育的短期效应转向长期效应;流动儿童这一关键词凸显了不同学生群体家庭教育存在的差异,而这种差异会对儿童发展产生异质性影响,进而影响教育公平。从以上突现关键词可以明显看出,在近30年的家庭教育研究中,家庭教育投入一直是研究者关注的重点,并呈现出了从经济投入转向时间投入、情感投入的变化趋势。

突现强度排名前五的关键词

关键词	出现年份	突现强度	起始年份	结束年份	1992—2022年
教育消费	1992	4.68	2000	2008	
教育投资	1992	5.95	2007	2011	
大学生	1992	5.73	2011	2015	
流动儿童	1992	4.10	2015	2018	
父母参与	1992	4.56	2020	2022	

图 1-1 1992—2022 年关键词突现图谱

二、家庭教育投入——家庭对学生发展作用的"黑箱"

社会学界关注的社会流动或代际流动研究的核心问题之一是探究父辈

的优势地位如何传递给后代。例如，布劳 - 邓肯的地位获得模型给出了微观视角——家庭资源理论的解释，认为子女的教育成就可以由父辈所拥有资源的多寡来解释（Blau and Duncan，1967）。教育学界关注的教育不平等研究的核心问题之一是探究家庭背景对子女发展或教育获得的影响，该话题可追溯到 1966 年的《科尔曼报告》，该报告得出了家庭背景是造成学生学业成就差异的关键，其作用甚至大于学校的结论（Coleman，1966）。该结论在世界各国得到不同程度的验证：家庭的收入水平、父母的受教育水平和职业地位等背景因素对学生的学业表现或教育获得有显著的正向预测作用（岳昌君和周丽萍，2017），此外，家庭社会经济地位在个体发展或教育获得中的作用随时间的推移呈现出上升的趋势（李春玲，2003），这似乎证实了家庭背景是教育不平等甚至是社会不平等再生的根源。但以上研究都无法解释相当多的贫困学生在教育中获得成功的原因。

为了进一步揭示家庭背景对孩子的学业表现和教育获得产生影响的原因，不同领域的学者开始尝试打开家庭背景对学生的学业成就产生影响的"黑箱"。如威斯康星（Wisconsin）理论下的教育期望；文化资本理论下的制度化、身体化、客体化文化资本；社会资本理论下的亲子交流、亲子陪伴等父母参与；人力资本理论下的课外补习等教育支出；布迪厄阶层轨迹理论下的拉鲁（Lareau）"协作培养"和"自然成长"式的家庭教养方式等。归纳总结来看，家庭对学生发展产生影响的途径有两条：一是通过经济资源投入为子女提供有差异的教育机会，如正规学校里的"名校""重点学校"和校外有偿教育服务（也可以说是影子教育，即课外补习）；二是通过父母教育参与、行为支持和养育氛围营造，影响子女的学习行为和态度，并最终影响子女的发展（李忠路和邱泽奇，2016；郑磊等，2018）。

教育是实现社会阶层流动的主要途径，但教育分层、教育代际流动的相关研究发现，教育作为弱势阶层向上流动的关键，在缓解或改变因出身导致的不平等的同时，又因不同社会阶层家庭资源、教育投入的差异，导致了不平等的再次发生（刘保中，2018）。Lareau（2003）在其著作中指出，不同阶层家庭教育投入的差异导致子女在发展上的不平等，如中产阶级家庭的父母投入很多时间参与子女的教育和生活，而工人阶级与贫困家庭的父母则更多的是让子女自然发展，并且很少参与子女的教育活动。Coleman（1966）曾指出家庭背景是影响学生发展和教育获得的重要因素，是教育和社会不平等再生的根源。家庭背景之所以会影响学生的教育获得，是因为不同社会经济文化背景的家庭在子女教育经济投入、时间投入等方面存在差异（Coleman，1988）。上文提到的两条路径——经济资源投入和父母参与等非经济投入，与教育经济学中的家庭投入和产出视角不谋而合，即学生的教育获得或教育成就与父母家庭教育的投入有关，其中家庭教育投入包括经济投入和时间投入（Leibowitz，1977）。所以，对家庭教育投入的研究是打开家庭背景影响子女教育获得以及教育再生产"黑箱"的关键钥匙，而揭开家庭教育投入对学生发展的影响机制对于帮助家庭作出理性的教育投入决策，让研究者和政策制定者更好地理解、促进教育公平，乃至实现弱势阶层通过教育获得代际流动都有重要意义。

以上对"黑箱"的探索呈现出以下特征：一是大部分实证研究是基于不同理论来探究家庭教育投入影响学生学业发展或教育获得的可能路径，主要就直接影响效应对可能涉及的投入维度进行推论性探讨；二是既有研究中的家庭教育投入维度大多较为单一，它们或聚焦于教育消费——购买补习服务，或聚焦于父母参与，或只探讨家庭教养方式，而较少将课外补习、父母参与、教育氛围营造或教养方式、教育支出等潜在变量放在同一研究框架内，探究多种教育投入的直接和间接作用路径，由此形成整合性分析，而事实上家庭教育往往是"情感＋时间＋金钱"的多边投入过程（刘保中，2017）；三是既有研究较少分析不同阶层家庭教育投入对学生发展的影响路径是否存在差异，因此难以进一步挖掘弱势阶层学生实现向上跨越的路径。

第二节　家庭教育投入的内涵和分类

我国关于家庭教育策略的实证研究多聚焦于对家庭教养方式、教养理念、教养实践、教育投入方式等方面的探讨。不同研究领域关于家庭教育策略的内涵和分类有较大差异：心理学（尤其是发展心理学）领域关注家庭教养方式，并基于满足孩子需求的"回应"和约束孩子行为的"要求"，分为权威型、专制型、宽容型和忽视型四种方式。家庭教养方式既包含父母养育行为，也包含父母的养育态度，实证研究多聚焦于教养方式对学生心理特征、认知能力和非认知能力的影响。教育学研究研究则更多地聚焦于基于科尔曼（Coleman）社会资本理论的父母参与行为分析（何瑞珠和卢乃桂，2009；李佳丽和薛海平，2019），包括基于家庭的亲子交流、亲子陪伴、亲子活动、亲子监督（李佳丽和何瑞珠，2019），以及基于学校的家校交流、学校活动参与等，实证研究多分析父母的参与行为及其对学生学业成绩的影响（李佳丽，2017）。就基于学校的家长参与问题而言，科尔曼强调父母的主导作用，Epstein（1978，2018）则强调学校的主导地位，关注家校合作。社会学研究较为复杂，相关研究或只关注教养实践（刘浩，2019），或只关注养育态度（洪岩璧和赵延东，2014），或两者皆有（田丰和静永超，2018；黄超，2018）。教养实践有三个层面：父母与孩子的交流互动；父母对孩子课外生活的安排；父母参与孩子学习生活的方式。这与科尔曼社会资本理论下的父母参与相似。养育态度包含父母对子女的管教是否严格、父母与子女的亲密程度等。实证研究多聚焦于探讨教养实践、教养方式的阶层分化或阶层差异。在某种程度上，教养方式与具体的父母参与或教养实践不同，父母参与/教养实践更强调父母参与、互动的频率，而教养方式还包括家长与孩子互动时的一系列态度所构建的情感氛围（Darling and Steinberg，1993）。

教育经济学则从家庭投入与产出视角来分析家庭教育策略与学生发

展的关系，认为学生的教育成就或教育获得与家庭教育投入有关，而上文讨论的家庭教养方式、父母参与、教养实践等所包含的父母在养育过程中投入的情感、时间、金钱都可以归纳为家庭教育投入。有关家庭教育投入的定义有狭义和广义之分。狭义上的家庭教育投入是从人力资本理论的角度出发，把教育投入完全理解为家庭花在子女身上的教育费用（Becker，1962）。广义上的家庭教育投入不仅包括货币性的教育支出，还包括教育观念、抚养时间与精力等非货币性的投入（Liu and Xie, 2015；刘保中，2020），并且按照货币性教育支出的结构，或区分为直接教育支出和间接教育支出，或区分为校内支出和校外支出，或区分为基础性教育支出、扩展性教育支出、选择性教育支出。部分研究从广义层面将家庭教育投入划分为教育期望、教育支出、教育参与、时间投入、经济投入、情感投入等。

本书从广义上将家庭教育投入划分为货币性投入和非货币性投入。其中，货币性投入等同于狭义上的家庭教育支出，如经济投入或物质投入，根据涂瑞珍和林荣日（2009）的分类，可进一步划分为基础性、扩展性和选择性教育支出三类。基础性教育支出包括学费、书本费、住宿费、伙食费、校服费等；扩展性教育支出包括学科类补习费、非学科类培训费和其他学习用品费用等，是物化形态的文化资本；选择性教育支出包括择校费和赞助费等。非货币性投入包含内隐的情感投入和外显的时间投入。虽然部分研究将情感投入归为时间投入，但本书基于父母与子女接触或交流的行为，进行了更细致的划分。内隐的情感投入主要指间接的心理、价值观的影响和家庭氛围的营造，如教育期望、家庭学习环境、养育氛围、家庭教养方式等（柳建坤等，2020），其中的一部分是内化于心的文化资本，而另一部分是营造的家庭养育氛围。外显的时间投入主要指父母直接参与子女教育的行为和活动，可以依据科尔曼社会资本理论，分为家庭内部和外部的父母参与，包括亲子交流、亲子监督、亲子陪伴、家校互动等（李佳丽，2017）。家庭教育投入的基本分类如图1-2所示。

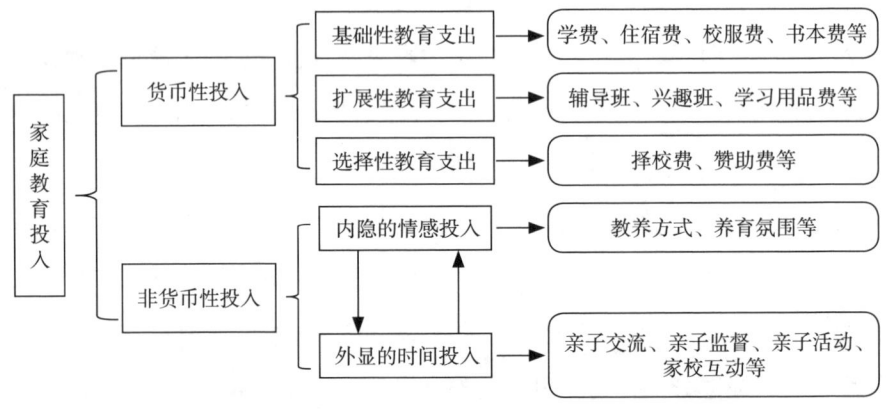

图1-2 家庭教育投入的基本分类

第三节 家庭教育投入对学生发展的影响综述

基于以上分类，本书将家庭背景对学生发展的影响路径分析从经济资源支持和父母参与支持拓展至货币性教育支出、非货币性时间投入和情感投入三个方面，具体为：第一，通过经济投入为子女提供与成长相关的物品、教育服务等，增加子女发展和获得教育的机会；第二，通过外显的时间投入，如与子女的日常交流和互动、参与其学习和亲子活动等，让子女能够更直接地学习父母的行为、感受父母的支持，更大限度地从父母参与及教育投入中获益并由此实现教育目标；第三，通过内隐的情感投入，如家庭教养方式、养育氛围营造等，对学生的自我效能感、日常学习习惯和态度产生潜移默化的影响，并最终影响其学业表现。囿于本书所使用的数据库资源的有限性，本书聚焦于探讨货币性投入中的扩展性教育支出（课外补习）、外显的时间投入（父母参与）和内隐的情感投入（家庭教养方式）对学生发展的直接与间接影响，探究不同阶层家庭教育投入的影响路径差异。

一、家庭教育货币性投入的影响效应研究：课外补习和文化资源

影子教育即课外补习，是我国近年来热度很高的家庭教育货币性投入的典型代表，因其补习内容和规模随学校的教学内容和学生规模的变化而变化得名（Bray，1999）。由于并不是所有家庭都有机会获得影子教育，因此引起诸多关于影子教育是否能提高学生学业成绩、是否会影响学校教育、是否加剧了教育和社会不平等（Stevenson and Baker，1992; Choi and Park，2016; 胡咏梅等，2015）等的学术争论。虽然国内研究多聚焦于影子教育的影响效应分析，并且没有得出统一的结论，但影子教育确实会加剧学校教育系统中的不平等，扩大不同阶层和城乡学生在教育机会、教育资源获得上的差距，并成为阶层和城乡不平等在代际间维持及传递的重要渠道（薛海平，2016；胡咏梅等，2015）。鉴于课外补习市场的消极影响，我国政府自2018年开始大力推进校外培训机构的治理和整改。2021年中共中央办公厅、国务院办公厅印发的《关于进一步减轻义务教育阶段学生作业负担和校外培训负担的意见》（简称"双减"）成为最严格的校外培训规范化依据，课外补习市场在较大范围内得到控制。虽然家长对影子教育消费保持警惕的态度，但迫于教育和社会的竞争压力（林晓珊，2018），大部分家长还是盲目地为子女购买影子教育服务，并且这一行为大有转移阵地、从明处走向"地下"的趋势；而对三无培训机构的治理以及对头部培训机构的管控，则可能导致较高质量的补习机构供不应求、价格上涨，弱势阶层学生群体参加课外补习的概率会更低。如果实证研究能表明父母参与等时间投入会对学生发展产生比影子教育更积极的作用，或可以有理有据地对焦虑的父母做出正确的引导，让家长在理性地作出课外补习决策的同时，有效推进校外培训机构的治理。

货币性投入中的文化资源研究多内嵌于布迪厄文化资本对学生发展和教育获得的影响的研究中。布迪厄最早提出文化资本的概念，他认为文化

资本是一种基于文化资源占有的资本，它有三种形态：一是内化于身体的形态，体现在人们的性情倾向和外在体态上；二是实物的形态，主要体现在书籍、图片、词典、仪器等文化物品之中；三是制度化的形态，主要体现在教育学历（Bourdieu，1986）上。迪马乔将文化资本解释为"地位文化参与（status culture participation）"，包括拥有高雅文化产品（如文学作品、百科全书、艺术古董、钢琴等），对高雅活动的参与（如父母陪伴朗读、听古典音乐、参观博物馆或艺术馆等），是社会地位的象征和阶层区隔的标志（DiMaggio，1982）。部分学者认为文化资本即为文化资源（cultural resources），它既包括文化作品，也包括父母的阅读习惯和阅读活动营造的家庭氛围、学生对校外高雅活动的参与等（De Graaf et al.，2000）。国内学者从最初将文化资本理解为父母的教育程度，逐渐扩展到将其理解为家庭的文化资源、文化活动参与和家庭的文化氛围等（肖日葵，2016；孙远太，2010）。布迪厄等提出的文化再生产理论认为，家庭背景好的阶层的子女的文化资本更多地从家庭中获得，家庭背景差的阶层的子女因家庭文化资本不足而只能从学校中获得文化资本（Bourdieu and Passeron，1990）。孙远太（2010）利用关于上海城镇居民的实证研究对文化再生产理论进行了验证，并且得出在不同家庭背景中，文化资本对于子女初中及以上教育获得的影响机制并不相同的结论。低教育程度和低收入家庭更多借助父母对子女普通教育活动的参与，营造文化氛围来实现教育阶层流动；高教育程度和高收入家庭则通过购买书籍、高雅文化艺术品等物质投入，以及参与高雅文化活动来营造文化氛围，从而实现文化再生产。可见，文化资本实现教育代际传递有两条路径：一是通过父母的经济投入购买文化资源；二是通过父母的时间和精力投入影响子女成长。

二、家庭教育非货币性投入的影响效应：父母参与和家庭教养方式

家庭教育时间投入是非货币性投入的重要组成部分，是学者探究弱势阶层家庭如何通过家庭教育实现阶层向上流动的关键，也是学者挖掘非货币性投入能否削弱家庭背景对学生教育获得的影响，实现"寒门出贵子"的主要途径。关于时间投入的研究多聚焦于基于科尔曼社会资本理论的父母参与，以及作为文化资本实体化途径的家庭教育方式。

布迪厄认为，社会资本是个人通过社会关系网络获得潜在资源，从而获得各种利益（如教育获得）的重要因素（Bourdieu，1986），也在人力资本的再生产中发挥着重要的中介作用（Coleman，1988）。有别于布迪厄的社会关系网络理论，科尔曼认为在教育获得中起重要作用的社会资本是一种社会闭合，即父母与子女之间形成的一种网络体系结构。当父母参与子女的教育和生活、与小区其他成年人之间的社会交流充分，且社会网络封闭性较高时，子女就会得到较丰富的社会资本，从而影响其发展（Coleman，1988）。科尔曼指出，父母对子女生活和教育的参与是社会资本的重要表现形式，父母与子女、老师、其他家长之间的交流和互动会形成一种支持性社群，有利于孩子的学习与生活信息的交流和传递，从而可以监督、鼓励孩子，促使其更加努力（赵延东和洪岩璧，2012）。部分学者将社会资本分为两种形式：一是家庭内部的社会资本，即家长与子女间的直接关系；二是家庭外部的社会资本，即家长与和子女有关的其他群体（如教师、朋友和其他家长）之间的联系等（田丰和静永超，2018）。父母参与是科尔曼社会资本理论的核心概念。基于不同的社会资本形式，父母参与也分为两类：基于家庭的父母参与，如父母与孩子沟通交流、父母检查作业与指导功课、父母陪伴子女吃饭读书运动、父母陪伴子女参加文化活动等；基于学校的父母参与，如父母和教师、同学或其他家长的交流等

（Ho and Willms，1996）。

通过父母参与传递给子女的社会资本可以为子女提供更多、更好的机会，使子女实现更高水平的教育成就。其中，父母与子女的沟通交流、给予子女的生活陪伴增加，以及学生的教育期望、学业自信、努力程度对学生的学业成绩及其高等教育需求有显著影响（安雪慧，2005；钟宇平和陆根书，2006；李波，2018；梁文艳等，2018）。而不恰当的父母参与，如父母不恰当地指导学生功课、辅导学生作业，可能会对学生的发展产生消极的影响（赵延东和洪岩璧，2012；李佳丽，2017）。不同阶层家庭拥有的社会资本数量并不相同，所以父母参与的形式也可能存在显著差异，如优势阶层家庭的父母会更积极地参与，中间阶层家庭的父母会在与教师沟通和参与学校活动时感到更舒适自然，而弱势阶层家庭的父母会因不注重教育、对课业内容掌握不足、没有足够的动机追求长远教育成就而较少参与子女的教育（Ho and Willms，1996; Lareau and Cox，2011; Calarco，2014）。国内外关于父母参与对学生学业成绩影响的研究较多，大部分研究结果表明，父母家庭参与，如亲子交流、亲子陪伴和亲子活动等，以及父母学校参与，如家校沟通等，对学生的认知能力和学业成绩有显著的正向影响（梁文艳等，2018；李波，2018）。

家庭教养方式指的是父母对孩子的抚养、能力培养和情感照顾等方面的结合（Spera，2005）。心理学（尤其是发展心理学）关注家庭教养方式，其中既包含父母的教养行为，也包含其养育态度与理念。西尔斯（Sears）在其于1957年出版的著作《育儿模式》一书中最早提出教养的概念，他通过对300余名母亲的采访，归纳出了以爱为导向和以目标为导向的两种教养风格：前者是指母亲用温暖、赞美和情感来回应孩子的行为；后者是指母亲用有形对象（例如玩具）或额外的游戏时间来响应孩子的行为（Sears et al., 1957）。Baumrind（1965）提出了家庭教养方式，用来概括父母在养育和管教孩子过程中相对稳定的行为和观念，包含权威型、专制型和宽容型三类。Mccoby 和 Martin（1983）在前者研究的基础上，从父母与子女的情感互动中提取了两个维度——"回应"与"要求"，将父母教养方式分为权威型、专制型、宽容型和忽视型四类。"回应"是指父母对孩子的情感需求给予相应的回应，以交流沟通、关心、陪伴支持等行为满足孩子特定的需要；"要求"则是指家长通过行为规范、对孩子的活动进行监督等方式，为孩子的行为建立适当的规范标准，并要求孩子达到这些标准，从而让其满足融入社会的要求。社会学家拉鲁在其著作《不平等的童年》中指出，家庭教养是指家长为了帮助子女与他人沟通交流和适应社会环境而向子女传递一系列相关的知识、策略等，是文化资本身体化的一种途径（Lareau, 2003）。其中，中产阶层家庭倾向于采用协作培养式教养方式，强调理性沟通，在与孩子的交往中注重以理服人，注重孩子社交能力、语言能力、自我解决问题能力的系统性培养，对孩子的课外活动采取系统性的规划和组织。工人阶层或贫困阶层的家庭则更多采用自然成长式教养方式，强调孩子的成长应顺其自然，在与孩子的交往中多采用命令式口吻，不特意给孩子组织课外活动，并把大部分教育孩子的责任交给学校。

家庭教养方式与父母参与研究是探讨社会阶层流动或阶层固化的重要议题之一，Lareau（2003）认为，协作培养对儿童发展有积极影响，进而巩固了阶层地位的代际再生产。洪岩璧和赵延东（2014）认为，原生家庭的阶层地位会在很大程度上影响教养方式，但家庭教养态度与习惯并没有显著的阶层差异。基于家庭的父母参与（如父母教育期望、亲子陪伴、亲子交流等），以及基于学校的父母参与（如家校互动等），均对学生教育发展有显著的积极影响（梁文艳等，2018；李波，2018），而父母检查作业、指导功课等行为对学生学业成绩则可能存在消极影响（李佳丽，2017；李佳丽和薛海平，2019）。那么，不同阶层家庭的父母参与和教养方式是否存在差异？不同阶层家庭的父母参与和教养方式对学生的学业成绩、身心健康是否存在积极影响？如果存在，那么是否可以通过改变父母参与和教养方式来替代经济投入，从而减轻家庭与学生的经济负担与学业负担？这些问题值得深入探究。

三、家庭教育货币性和非货币性投入的影响效应比较

相较于经济投入，家庭教育投入中的时间投入和情感投入（如父母参与、教养氛围、父母的教育期望等）可能是影响子女发展和教育获得的重要因素（姜添辉和周倩，2017），父母参与等时间投入可能比经济投入作用更大。经济投入的有偿支付特点决定了优势阶层家庭能为子女购买更多高质量的校内外教育服务和资源，如课外补习服务和文化资源等（Bray et al.，2014；薛海平和丁小浩，2009），但是不同阶层家庭的教养态度和父母参与在习惯上可能没有明显差异（洪岩璧和赵延东，2014）。父母与子女交流互动和教养氛围营造等时间投入的作用会体现在子女的知识和情感上，对教育获得的影响持久而稳定（刘精明，2008）。部分研究指出，家庭的非货币性资源，特别是父母参与和教养方式，对学生认知能力和学业成绩的影响要大于家庭的经济投入（Liu and Xie，2015）；家庭的社会资本如父母与子女之间的沟通交流、家校沟通和志愿活动等对子女教育获得的预测作用大于经济资本（Jager and Holm，2007）；Coleman（1988）认为，布迪厄文化资本中的文化资源传递路线是一种"封闭性网络"，需要父母与子女密集地交流和互动才能传递给子女，否则文化资源以及经济资本都无法实现循环再生产。如果父母参与等时间投入对子女教育获得的影响比影子教育、文化资源等经济投入更大，低阶层家庭的父母就可以通过改变自己的教育参与行为和教养方式，促进子女的教育流动。通过家庭交流互动、教养方式内化于家庭成员之间的情感不仅较少受到外部社会环境的影响，而且对教育获得和教育不平等也会产生持久、稳定的影响（刘精明，2008）。如果父母参与子女学习、生活等的时间投入对子女教育获得的影

响更大，则低阶层家庭可以通过改变自己的教育参与行为促成子女的教育流动。由此可见，对不同阶层货币性投入、非货币性投入模式的差异，以及家庭货币性投入和非货币性投入对学生发展影响和作用的大小进行深入探讨，不仅能为不同阶层作出理性家庭教育投入决策提供参考，也能为挖掘"寒门出贵子"的内在机制、制定实现教育公平的政策提供实证依据。

第四节　研究内容

一、以往研究的不足

虽然已有的单一维度家庭教育投入研究为本书提供了有益的启发，但囿于不同理论和研究视角的局限，已有研究存在以下问题。

第一，已有的家庭教育投入研究多聚焦于单一投入维度，较少将家庭教育货币性投入和非货币性投入纳入统一的研究框架。

第二，现有研究多聚焦于家庭对子女的经济投入、父母参与、家庭教养方式的阶层分化研究，较少分析社会分层视角下，不同阶层家庭的货币性投入和非货币性投入对学生发展的影响效应，以及家庭背景是否通过家庭货币性投入和非货币性投入对学生发展产生间接影响，因此难以比较不同教育投入形式的作用大小。

第三，科尔曼和后续研究者多次提出，时间投入（如父母教育参与等社会资本）是经济投入（如文化资源、经济资本）对学生发展产生影响的重要纽带，但缺乏相关研究对其进行验证。

第四，不同阶层家庭的经济投入和时间投入之间是否存在替代或补充的异质性关系也值得深入探讨。例如，父母对子女的时间投入是否会挤占对子女的经济投入，即呈现出此消彼长的关系；还是说父母对子女的时间投入会并入对子女的经济投入，即两者之间存在同长同消、互相补充的关系。不同选择的背后反映了不同阶层的教育选择和理念。

二、研究目标

根据以往研究的不足，本书有以下研究展望。

【目标一】基于家庭资本理论，探讨家庭教育投入的影响效应。

1. 分析经济投入——课外补习对学生发展（包括学业成绩、心理健康或问题行为等，下文同）的影响。

2. 分析时间投入——父母参与对学生发展的影响。

3. 分析情感投入——家庭教养方式对学生发展的影响。

【目标二】基于教育生产函数理论中的家庭教育投入与产出，分析家庭教育投入对学生发展的影响效应。

1. 将家庭教育货币性投入和非货币性投入纳入同一研究框架中，即在同一模型中，分析经济投入、时间投入、情感投入是否对学生发展有影响，并比较不同家庭教育投入类型对学生发展的影响的大小。

2. 探究家庭教育货币性投入和非货币性投入对学生发展是否存在联合作用机制，即不同类型的教育投入是彼此增强还是彼此削弱了对学生发展的影响。

【目标三】基于社会再生产理论，探究不同阶层通过家庭教育投入选择实现教育代际流动的路径。

1. 分析不同阶层家庭教育的经济、时间、情感投入是否对学生发展存在异质性影响。

2. 分析家庭背景是否通过经济投入和时间投入对学生发展产生间接影响；如果有影响，谁的中介作用更大。

3. 分析作用最大的家庭教育投入类型会在什么条件下对学生发展产生影响。

【目标四】基于文化再生产理论，探究在家庭教育投入方面处于弱势的"寒门"家庭的子女冲破藩篱实现逆流而上的其他途径。

第五节　研究价值

一、学术价值

本书将家庭教育货币性投入和非货币性投入纳入同一研究框架，除了对家庭教育货币性投入和非货币性投入的阶层差异进行分析，还基于教育生产函数理论和社会再生产理论，探究了不同家庭教育投入形式对学生发展的影响的大小和联合作用机制，并研究了其在家庭背景对学生发展的影响过程中的中介作用的大小，对科尔曼社会资本理论等研究假设进行了验证。本书同时打开了家庭背景影响教育获得的"黑箱"，探讨了不同阶层家庭通过教育实现阶层流动的途径，更重要的是尝试寻找"寒门出贵子"的内在机制，为教育补偿和家庭教育政策的制定提供实证依据。

二、应用价值

第一，家庭层面。本书充分考虑了不同阶层家庭货币性投入和非货币性投入对学生发展影响效应的差异，为不同阶层家庭构建合适的家庭教育投入机制提供实证依据，同时根据研究结论中家庭经济投入和时间投入的组合分类，尝试构建不同阶层家庭的最优家庭教育模式。本书在为不同阶层家庭作出理性家庭教育投入决策提供参考的同时，提醒家长避免盲目的影子教育消费，从而减轻家庭的经济负担和学生的学业负担，并协助推进政府对培训机构的治理和规范。另外，本书尝试基于实证研究结论，在为不同阶层家庭提供理性教育投入决策依据的同时，通过家庭货币性投入和非货币性投入的分类、组合，综合心理学家鲍姆里德（Baumrind，1965）和社会学家拉鲁（Lareau，2003），以及中国学者田丰等（2018）的教养方式分类，初步探索不同阶层家庭教育投入模式，为家庭合理构建教育投入模式提供参考。

第二，社会层面。本书贴近当下教育政策热点，即影子教育和家庭教育中的父母参与，研究主题具有较强的实践意义和政策意义。影子教育逐渐成为家庭的经济负担和学生的学业负担。对于弱势阶层的学生群体来说，如果父母的非货币性投入可以替代货币性投入对学生发展的影响，那么这对未来有关家庭教育的政策走向、影子教育的规范治理和理性消费都有重要的实践意义。另外，本书通过家庭教育投入对学生发展影响的阶层化分析，特别是对时间投入能否削弱家庭背景对学生发展的影响的探讨，揭开了弱势阶层学生群体通过家庭教育投入实现阶层流动的面纱，研究结论有助于推进有关家庭教育等的政策的实施。

第六节　本书结构

本书研究围绕家庭教育、家庭教育投入对学生发展的影响效应展开。第一章介绍研究缘起、核心概念界定、研究内容、研究价值、研究的主要数据和方法。其他各章的具体内容安排如下。

第二章以家庭教育投入与产出的教育生产函数理论为背景，基于正负向选择假说和理性选择理论，分析在义务教育普及阶段，作为家庭教育经济投入的主要代表的课外补习对学生发展的平均影响和异质性影响，由此解答课外补习对学生发展到底有没有影响，以及对哪些学生群体有影响的问题。

第三章基于科尔曼社会资本理论，探究作为家庭教育时间投入的主要代表的父母参与对学生发展的影响，并探讨父母参与对不同年龄学生发展的异质性影响，由此解答哪些父母参与方式有助于学生发展，以及父母参与对哪些学生群体作用更大的问题。

第四章在以经济投入、时间投入为准绳，重新构建家庭教养方式的基础之上，分析我国家庭教养方式的分布及阶层和城乡差异，分析家庭教养方式对学生学业表现、心理健康、问题行为的平均和异质性影响效应，解答哪类家庭教养方式有助于学生发展，以及家庭教养对哪些学生群体作用更大的问题。

第五章深入探讨经济投入和时间投入对学生发展的影响，分析父母参与和课外补习等不同家庭教育投入对学生发展是否存在联合作用机制，挖掘父母参与和课外补习对学生发展的影响是彼此增强还是彼此削弱，为合理选择家庭教育投入提供实证依据。

第六章基于家庭资本理论、家庭教育投入与产出理论，分析经济投入、时间投入和情感投入对学生学业表现的影响，并比较其影响的大小。

第七章同时探究不同家庭教育投入对不同家庭背景学生发展的异质性影响，解答哪些家庭教育投入对学生发展的影响更大，以及不同阶层家庭采用哪些教育投入方式对子女更有益的问题。

第八章在非货币性投入对学生发展影响更大这一结论的基础之上，根据威斯康星理论和社会认知理论，分析时间投入——父母参与在父母和子女教育期望不同的情况下对学生发展的中介作用的大小，解答非货币性投入在何种情况下能更好地对学生发展产生影响这一问题。

第九章立足于近年来对弱势家庭的关注，基于文化流动理论和文化抵制理论的延伸，使用中国家庭追踪调查（China Family Panel Studies，简称CFPS）数据，采用两水平多元Probit模型和中介模型，探究对于家庭教育投入处于天然弱势地位的"寒门子弟"而言，其家庭是否存在弥补性资源和底层文化资本能助其取得教育成功，回答"寒门子弟"何以逆流而上的问题，以期寻得"寒门子弟"获得高学业成就、升入重点学校，从而实现阶层流动的有效路径。

第十章是全文结论和延伸讨论部分。本章在总结主要研究结论和研究发现的基础上，对本书的主要贡献、存在的不足、未来研究展望进行总结，并针对家庭教育、课外补习等相关问题提出政策建议。

第七节　数据、变量、方法

本节为补充介绍。因第二章至第七章内容使用同一数据库，并且使用的变量、研究方法有较多重合，所以本节进行统一介绍。后续章节内容只简单介绍相关变量和使用的研究方法。

一、主要数据资源

本书第二章至第七章使用的数据库均来自由中国人民大学中国调查与数据中心设计与实施的、具有全国代表性的大型追踪调查项目——中国教育追踪调查（China Education Panel Survey，简称 CEPS）。CEPS 采用多阶段的概率与规模成比例抽样方法，在2013—2014年展开基线调查，以初中一年级（即七年级）和初中三年级（即九年级）两个同期群为调查起点，以人口平均受教育程度和流动人口比例为分层变量，从全国随机抽取了28个市、区、县作为调查点。该调查的执行以学校为基础，在入选的地区范围内随机抽取了112所学校、438个班级进行调查，以被抽中班级的学生全体为样本。基线调查共调查了约2万名学生，在进行数据清洗后分别包含9818名七年级学生和8895名九年级学生。CEPS 在 2014—2015 年展开二期追踪，追踪成功的样本只包含2013年为七年级，2014年为八年级的同一批学生，其中匹配成功并进入分析的学生样本有9449个。

CEPS 以问卷调查为主要手段，对全体被调查学生及其家长或监护人、班主任、任课老师以及学校负责人进行问卷调查，旨在揭示家庭、学校、社区以及宏观社会结构对于个人教育产出的影响，并进一步探究教育产出如何在个人生命历程中发挥作用。问卷的内容包括：学生的基本信息、户籍与流动、成长经历、身心健康状况、亲子互动、在校学习、课外活动、与老师/同学的关系、社会行为发展、教育期望；家庭成员的基本信息、生活习惯、亲子互动、家庭教育环境、家庭教育投入、社区环境、对学校教育的看法、与老师的互动、对孩子的教育期望；班主任对学生行为的评价、与学生家长的互动、对本地与外地户籍学生的比较；（包括班主任在内的）任课老师的个人基本信息、教育理念、日常教学工作、工作压力与满意度；学校负责人基本信息、教育理念；学校的基本信息、教学设施、招生入学、在校师生以及日常教学管理情况。CEPS 同时还对学生进行了综合认知能力测试、基本人格测试，并收集了学生的重要考试（期中考试、中考、高考等）成绩。相关数据基本满足本书各章的研究需求。

需要说明的是，本书中的第二章、第三章主要使用 CEPS 在 2013—2014 年第一期的基线数据，第四章至第八章主要使用 CEPS 在 2013—2014 年、2014—2015 年两期追踪并匹配成功的数据，至于第九章所使用的 CFPS 数据将会在讨论该内容时介绍，这里不再赘述。

二、主要变量

因不同章节主要分析的家庭教育投入内容不同，但控制变量等内容大致相同，为避免变量重复介绍，本部分对所有涉及的变量进行详细介绍（见表 1-1）。

表 1-1 主要变量介绍

分类	变量名称	说明
学生发展	学业成绩	期中测试语文、数学、英语三科的平均成绩，每科成绩换算成百分制后进行计算，得分越高表示成绩越好
	认知能力	用三参数的项目反应理论模型估计学生认知能力测试标准化总分，得分越高表示认知能力越强
	学业表现	由学生语文、数学、英语三科期中考试成绩和测量学生逻辑思维与问题解决能力的认知能力测试得分构建，通过主成分分析法提取公因子，并标准化为取值在 0 —100 的变量，数值越大表示学业表现越好
	心理健康	由测量学生焦虑和抑郁程度的十个题项取均值构成，题项包括沮丧、消沉、不快乐、生活没有意思等，不同值的含义为：1= 总是，2= 经常，3= 有时，4= 很少，5= 从不。数值越大表示学生的心理健康状况越好
	行为表现	由测量学生问题行为的十个题项取均值构成，题项包括骂人说脏话、吵架、打架、欺负弱小同学、脾气暴躁、注意力不集中、逃课旷课逃学等，不同值的含义为：1= 从不，2= 偶尔，3= 有时，4= 经常，5= 总是。数值越大表示学生的问题行为越严重
经济投入	2013—2014 年课外补习	是否参加学术性课外补习：0= 没有参加，1= 参加。包含学术类语文、数学、英语补习（部分章节进一步区分为工作日和周末）
	课外补习费用支出	本学期孩子上校外辅导班或学习兴趣班所需要的费用
	基础性教育费用支出	交给学校的费用，包括学费、书本费、教辅材料费、校服费、活动费、保险费、餐费、学校住宿费等
	书本量	0= 很少，1= 比较少，2= 一般，3= 比较多，4= 很多

续表

分类	变量名称	说明
时间投入	亲子交流	父母主动与孩子讨论学校发生的事情，与朋友、老师的关系，孩子的心情、心事或烦恼（五个题项）频率均值：1=从不，2=偶尔，3=经常
	亲子陪伴	父母和孩子一起吃晚饭、看电视、看书、运动、参观博物馆/科技馆/动物园等、外出看演出/体育比赛/电影等（六个题项）的频率均值：1=从未，2=每年1次，3=每年2次，4=每月1次，5=每周1次，6=每周2次及以上。在某些章节中，该类别又详细划分为亲子陪伴/生活陪伴和亲子活动/文化陪伴，前者包含吃饭、看电视，后者包含看书、运动、参观博物馆/科技馆/动物园等、外出看演出/体育比赛/电影等
	亲子监督	每星期父母检查作业、指导功课的频率均值：1=从未，2=1—2天，3=3—4天，4=几乎每天
	与学校沟通	本学期家长主动联系老师、老师主动联系家长的频率（两个题项）：0=从未，1=1次，2=2—4次，3=5次及以上
	家长会参与	本学期参加家长会的情况：0=没有参加，1=准备参加，2=参加过
	认识子女的朋友数	0=不认识，1=认识一部分，2=全部都认识
	认识子女朋友的家长数	0=不认识，1=认识一部分，2=全部都认识
	与其他学生、家长交流	是否认识和孩子常在一起的朋友、朋友的家长：0=不认识，1=认识一部分，2=全都认识
情感投入	家庭教养方式	以要求和参与的均值为界，交互形成四类：忽视型（低要求，低参与）、宽容型（低要求，高参与）、权威型（高要求，高参与）、专制型（高要求，低参与）。要求：测量父母在作业、考试、学校表现、上学、回家时间、交友、穿着打扮、上网时间、看电视时间（八个题项）方面对子女管得严不严格：1=不管，2=管得不严，3=管得很严。由均值合成参与：由亲子交流、亲子陪伴、亲子监督等13个相关题项求均值合成

续表

分类	变量名称	说明
情感投入	养育氛围	父母在作业和考试、学校表现、和谁交朋友、穿着打扮、上网时间、看电视的时间等方面对孩子严不严格：1=不管，2=管但不严，3=管得很严
	父母阅读习惯	家长读书看报的频率：0=从不，1=偶尔，2=经常
	教育期望	父母对子女的教育期望：0=无所谓，1=现在不读了，2=初中毕业，3=中专/技校，4=职业高中，5=普通高中，6=大学专科，7=大学本科，8=研究生，9=博士 父母对学业成绩的期望：0=没有特别要求，1=班级平均水平，2=中等偏上，3=前五名 （教育期望在不同研究中的定位并不相同，在部分研究中并非情感投入而是作为控制变量）
控制变量	学生层面	0=女（参照组），1=男
		0=非农业户口（参照组），1=农业户口
		0=非独生子女，1=独生子女
		家中有几个兄弟姐妹：0=0个（独生子女），1=1个，2=2个，3=3个，4=4个及以上
		0=非流动（儿童），1=省内流动，2=跨省流动
		前期期中考试语文、数学、英语的平均成绩
		由前期测量学生焦虑和抑郁程度的题项取均值构成
		学生前期的语文、数学、英语三科期中考试成绩和认知能力，经过公因子提取，标准化为取值范围在0—100的变量
		同上文所描述的父母对子女的教育期望
	家庭层面	0=困难，1=中下，2=中等，3=中上，4=富裕
		0=无工作，1=农民，2=个体户，3=商业与服务业工人，4=生产与制造业工人，5=技术工人，6=教师、工程师等专业技术人员，7=高级管理人员，8=政府领导
		0=文盲，1=小学，2=初中（中专），3=高中（职高），4=大专，5=本科，6=研究生

续表

分类	变量名称	说明
控制变量	家庭层面	根据家庭经济水平、父母最高受教育程度、父母最高职业地位构建，通过主成分分析法提取公因子合成（基于研究需要可根据因子分的高低，将家庭背景平均分为优势、中等、弱势三组）
		父母都不在家（参照组），父母都在家，只有母亲在家，只有父亲在家
	学校层面	0=县、县级市，1=地级市市区，2=省会城市市区或直辖市
		0=农村，1=边缘城区或城乡接合部，2=中心城区
		学校排名：0=最差，1=中下，2=中等，3=中上，4=最好
		班级排名：0=最差，1=中下，2=中等，3=中上，4=最好

注：第一，部分变量在不同研究中所属分类、合成的题项存在差异（后文分析时会解释）；第二，前期学业成绩、认知能力、学业表现、心理健康等变量的合成方法都与作为因变量的学生发展相应变量相同，只是年份不同。

三、主要研究方法

第一，本书第二章探究经济投入（课外补习）对学生发展的影响时，借鉴了 Brand 和 Xie（2010）使用的多水平分层法（stratification multilevel，简称 SM）分析影子教育对不同学生群体的异质性影响效应，进而分析影子教育对以结果为导向的教育公平产生的影响。我们尝试探究是最有机会参加课外补习的优势群体，还是缺少参加课外补习机会的弱势群体，抑或是处于中间水平的中产阶层家庭群体参加课外补习的收益更多。

SM 能处理异质性并且能解决选择性偏误问题（Brand and Xie，2010；Brand et al.，2014），因为它建立在可忽略性假设和倾向得分匹配（propensity score matching，简称 PSM）的基础上。其中，可忽略性假设强调，除了处理前的协变量，处理组和控制组没有其他的干扰变量。尽管这个假设看起来难以实现，但是在不存在明显不可验证的假设或数据时，该研究方法能基于可观察的协变量解决不可观测的遗漏变量。可忽略性假设依赖于研究设置，当处理组和控制组测量出有理论意义的干扰变量时，可忽略性假设更为可信，因此研究者需要多关注基于理论和背景提出的变量。本研究基于影子教育相关理论和研究背景，尽可能对相关干扰变量进行全面控制。虽然我们无法验证这些因素是否能证实可忽略性假设的精确性和真实性，但 PSM 法是目前探讨影子教育异质性影响效应的有效方法。

本研究采用的多水平分层法在 Brand 和 Xie（2010）研究的基础上进行了改进，如异质性影响有别于 Brand 和 Xie（2010）所采用的方差效应估计。本研究采用层级与课外补习的交互项，对是否存在异质性影响效应进行分析，具体包含两个步骤。第一步，预测倾向值并对不同倾向得分学生进行分层。我们利用 Probit 回归模型（一种线性模型），控制个体特征、家庭社会经济背景、教育期望和学校特征等因素（X）后，估计每个学生个体参加课外补习（PT）的倾向得分，如式（1-1）所示。我们基于倾向值按照倾向得分（临近匹配法）由低到高分别对处理组（参加）和控制组（没有参加）进行分层匹配处理，倾向得分越高，该层级学生群体参加影子教育的可能性越大，倾向得分非常极端的个体因没有匹配的个体而被我们删除。

$$P_{score}=p(PT_i=1|X) \quad (1\text{-}1)$$

第二步，我们用不同形式的课外补习与层级的交互效应系数，即式（1-2）中的 β_2，分析影子教育对不同倾向得分群体的影响效应是否存在差异。

$$Y_i=\alpha_i+\beta_0 s_i+\beta_1 PT_i+\beta_2 s_i \cdot PT_i+\mu_i \quad (1\text{-}2)$$

第二，本书第三章在探究时间投入（父母参与）对学生发展的影响时，采用主成分分析法全面和准确地提取了家庭内外父母参与的各项指标变量，然后采用两水平线性模型（hierarchical linear model，简称 HLM）估计校内外父母参与的各项指标变量对初中学生认知能力的影响效应。本研究同时采用分样本和 Z 检验的分析方法，估计校内外父母参与对不同年级学生的影响效应是否存在显著差异。

因 CEPS 是典型的分阶段抽样、学生嵌套于学校的数据，故本书中的大部分研究或采用因变量为连续性变量的 HLM，或采用因变量为二分变量的广义多层线性模型（hierarchical generalized linear model，简称 HGLM）。HLM 是由 Bryk 和 Raudenbush（1992）发展与完善的，在一定程度上克服了传统统计方法（如回归分析）在处理多水平嵌套数据时的局限。HLM 的基本模型包括水平 1 的主要解释变量和协变量与水平 2 的协变量。

水平 1：

$$Y_{ij}=\beta_{0j}+\alpha \mathrm{IP}_{ij}+\sum \beta_{ij} X_{ij}+\varepsilon_{ij} \quad (1\text{-}3)$$

水平 2：

$$\beta_{0j}=\gamma_{00}+\sum \gamma_{0s} K_j+\mu_{0j} \quad (1\text{-}4)$$

$$\beta_{ij}=\gamma_{i0} \quad (1\text{-}5)$$

Y_{ij} 表示第 j 个学校中第 i 个学生的发展情况；β_{0j} 是截距项，表示学校 j 中学生 i 的家庭教育投入情况；α 是家庭教育投入对学生学业表现 Y_{ij} 的解释系数；X_{ij} 是学校 j 中学生 i 的个体特征和家庭特征变量的向量，β_{ij} 是学生层面个体和家庭特征变量对学生学业表现 Y_{ij} 的解释系数；ε_{ij} 是学校 j 中学生个体 i 没有被解释的残差。γ_{00} 是水平 2 中学校层面的截距项；K_j 是学校 j 的特征变量；γ_{0s} 是学校特征变量 K_j 对学生学业表现 Y_{ij} 的解释系数；μ_{0j} 是学校层面未被解释的残差。

多层线性模型因层级之间的特征有嵌套关系，在分析过程中容易出现多重共线性。为了避免该问题，本研究在进行 HGLM 和 HLM 分析时，对水平 1 和水平 2 的变量都进行了中心化处理。Enders 和 Tofighi（2007）指出，中心化方法的选择依赖于研究问题和研究目的，而不能只基于模型的统计依据，并且没有普遍适用的准则，研究者需要根据研究目的审慎地考虑选择哪种中心化模型：有的问题用总均值中心化更好，而换一个问题则用组均值中心化更好，因此根据具体的问题选择自变量的定位才是合理的。如果研究兴趣是水平1对因变量的影响，则选择组均值中心化；如果主要兴趣是水平2的背景效应，则选择总均值中心化；如果要研究水平间的交互作用，则按组均值中心化比较好；如果要研究水平2的变量间的交互作用，则按总均值中心化比较好（Enders and Tofighi,2007；何晓群和闵素芹，2009；Schreiber and Griffin，2004）。

第三，本书第四章在探究情感投入（家庭教养方式）对学生发展的影响时采用HLM，并在HLM中加入交互项，分析教养方式对学生学业表现、心理健康、问题行为的平均和异质性影响效应，探究我国是否会因教养方式的异质性影响而陷入养育陷阱。

第四，本书第五章和第六章在探究经济投入、时间投入和情感投入对学生发展的影响及作用大小时，采用OLS（普通最小二乘法）回归分析和夏普里（Shapley）值分解技术分析家庭教育经济投入、时间投入和情感投入对青少年学业成绩差异的影响的大小。我们通过加入家庭背景（如家庭收入水平、父母职业地位、受教育水平）与不同经济投入、时间投入和情感投入等指标的交互项，分析不同家庭教育投入对不同阶层家庭的青少年的学业成绩的影响是否存在异质性。

夏普里值分解技术是传统回归方程分解与夏普里值法的结合，它把目标变量的不平等分解为其决定因素的贡献，并量化分析各回归变量对因变量不平等的贡献。该方法的原理是运用合作博弈的思想来分解各个回归变量对因变量差异的贡献：一是计算出因变量的差异度，一般用基尼系数、泰尔指数和对数离差值来度量因变量差异程度；二是计算各回归变量对因变量差异程度的贡献。

第五，本书第七章和第八章在探究家庭教育投入的中介作用时，分别采用偏差校正的非参数百分位 Bootstrap 法（自助法）和 Sobel 检验法（一种统计的方法），以及结构方程模型（structural equation modeling，简称SEM）等进行中介作用分析。我们探究家庭背景或父母与子女教育期望差异如何通过不同家庭教育投入对学生发展产生影响，同时对经济投入、时间投入和情感投入在家庭背景对学生发展产生影响的过程中的中介作用大小进行比较。我们还探讨了不同阶层家庭背景通过家庭教育投入影响学生发展的中介作用机制。其中，Bootstrap法是一种非参数蒙特卡罗（Monte Carlo）方法，其实质是对观测信息进行再抽样，进而对总体的分布特性进行统计推断。该方法充分利用了给定的观测信息，不需要对模型的其他假设增加新的观测，并且具有稳健性和效率高的特点。SEM是一种建立、估计和检验因果关系模型的方法，可以替代多重回归、通径分析、因子分析、协方差分析等方法，并能清晰分析单项指标对总体的作用和单项指标间的相互关系。

第六，本书第九章探究"寒门子弟"如何通过个体底层文化资本、弥补性资源（部分经济投入）、家庭养育实践（家庭教育情感和时间投入）等冲破樊篱，实现学业逆袭。利用两水平多元Probit模型，我们逐步分析潜在弥补性资源、潜在底层文化资本对"寒门子弟"升入重点学校的概率是否有显著影响。考虑到学生/家庭和省市之间的嵌套关系，学生类型又是多分类变量，因此本研究采用两水平多元Probit模型。其中，被解释变量为学生类型，分为经济型和城乡型"高门贵子""高门普通""寒门贵子""寒门普通"等种类。

两水平多元Probit的多层数据分析具有以下优点：一是可以系统分析在各个层级结构的水平上所测得的解释变量如何影响被解释变量，以及不同水平的解释变量之间的交互作用如何影响被解释变量。二是校正了多层结构所产生的参数估计误差。独立性是传统线性回归和Probit模型最基本的假设之一，当数据的多层结构被忽视时，独立性假设将被违背，传统线性回归和Probit模型倾向于低估标准误。三是它可以分别在不同水平上对随机效应的方差和协方差进行估计，使研究者可以将被解释变量的总变异分解为与各水平相关的部分变异。

  在第一水平（水平1）学生层面上，因变量是多分类数据，所以模型定义与传统的 Probit 回归模型类似，但传统的 Probit 回归模型简单地将具有学校层面特征的变量放在个体水平层面进行分析，于是会因为学校层面的变量之间存在同质性而违背统计的基本假定。学生和学校的嵌套关系不再满足传统模型中截距与斜率为常数的假设，模型中的截距与斜率受到第二水平（水平2）学校层面变量的影响，在不同的学校之间随机变化，由此产生了第二水平的模型。

第二章　经济投入——课外补习对学生发展的影响

　　课外补习被视为学生和家庭之间开展升学竞争的有力武器（Song et al.，2013）。作为教育竞争和家庭教育投资的重要方式，课外补习或影子教育已在全球引起热议，并且在发展中国家尤为盛行（Dang et al.，2008）。这些在我国经济发达地区（如北京、上海、广东等）有很大的市场。其中，北京 2015 年小学五年级和初中二年级（即八年级）学生的课外补习率分别为 60.5% 与 58.4%（卢珂，2016），上海 2014 年小学和初中的课外补习率分别处于 48.9%—58.1%、66.8%—74.4% 的区间范围（Zhang and Bray，2016），广州 2012 年中学补习率处于 51.7%—73.1% 的区间范围（吴岩，2014）。2011 年开展的一项全国八个城市的义务教育阶段家庭教育消费研究指出：在义务教育阶段，我国城市家庭教育支出平均占家庭养育子女费用总额的 76.1%，占家庭经济总收入的 30.1%；课外补习费用是家庭教育最重要的支出，76% 的家庭的子女课外补习费为年均 3820 元，其中补习费用最高达年均 8 万元（王庆欢，2012）。2016 年中国教育学会的一项报告指出，我国中小学辅导机构的市场规模已超 8000 亿元，参加辅导的学生超过 1.37 亿人，就职于辅导机构的教师规模达 700 万至 850 万人。[①]2019 年中国教育财政家庭调查报告指出：全国中小学生每年校外补习支出平均

---

① 参考中国教育学会于 2016 年发布的《中国辅导教育行业及辅导机构教师现状调查报告》。

为 8438 元，中位数为 3000 元；分城乡来看，城镇地区的校外补习支出平均为 9926 元（中位数为 5000 元），农村地区的校外补习支出为 3581 元（中位数为 1500 元），城镇地区是农村地区的 3 倍左右。2021 年，教育部办公厅发布了《教育部办公厅关于开展中小学有偿补课和教师违规收受礼品礼金问题专项整治工作的通知》，同年，中共中央办公厅、国务院办公厅印发了《关于进一步减轻义务教育阶段学生作业负担和校外培训负担的意见》，旨在减轻义务教育阶段学生过重的作业负担和校外培训负担，校外培训市场由此迎来了最严格的整顿治理政策。然而，笔者通过访谈了解到，校外培训机构虽然表面上"崩塌"，但大部分其实仅仅是从"地上"转移到"地下"，从"线下"转变为"线上线下相结合"，从培训教室转移到小区民宿，并因其承担风险的增加而出现收费上升的趋势。由此看来，基础教育阶段的课外补习仍然是许多家长和学生购买教育服务的重要选择。为什么这么多家庭会愿意承担高昂的补习费用送子女去参加课外补习？课外补习是否真的有用？如果有用，那么对谁最有用？本章尝试探讨课外补习投入对学生发展的影响，为家庭合理作出相应的经济投入行为决策提供实证参考依据。

第一节　他山之石——课外补习是否有用

以往关于课外补习的研究多聚焦于三个方面：第一，课外补习的现状和影响因素分析；第二，课外补习对学生发展的影响效应；第三，课外补习对教育不均等的启示。Dang 和 Rogers（2008）认为，课外补习可能会产生两种结果：第一，对学生的学业成绩没有影响，参加课外补习会浪费家长和学生的时间与金钱以及资源；第二，能够提高学生的学业成绩，但会加大教育甚至是社会的不均等。Bray（2003）、薛海平（2015）等也认为，不同阶层家庭子女因家庭社会背景的影响，获得课外补习的数量和质量存在差距，这可能导致学生将来在学业成绩、教育获得和工作机会获得、收入等方面存在差异，从而维持和强化了社会分层，因而课外补习也可能成为阶层差距在代际间维持和传递的重要通道。已有研究表明，相较于来自经济水平较高家庭的学生，家境贫困的学生在接受影子教育的机会方面处于劣势，而不同户籍、不同学习能力的学生接受影子教育的机会也不相同（Bray et al.，2014）。但课外补习对学生学习成就的影响并没有统一的定论：有关肯尼亚（Buchmann，2002）、日本（Stevenson and Baker，1992；Entrich，2014）、越南（Dan，2007）的研究结果表明，课外补习对学生的学业成绩有正向促进作用，并且有助于提高升学机会；有关爱尔兰（Smyth，2009）的一项研究则表明参加课外补习对学生的期末考试成绩没有显著影响；有关德国（Guill and Bos，2014）和新加坡（Cheo and Quah，2006）的研究甚至得出参与课外补习对学生的学业成绩有显著的负向影响的结论。当然，已有研究对影子教育内涵的理解有差异，例如有的研究关注的是私人支付的课外补习，而有的研究则将私人支付和公共支付的课外补习混合之后考察综合的补习效应；有的研究只关注学术类科目补习，而有的研究则将非学术类的兴趣班也归为影子教育进行探究。除了不同研究对影子教育这一处理变量的本质的理解存在差异外，数据或控制变量的不同也可能导致研究结论的不同。

关于课外补习（学术类科目补习）对学生到底有没有作用这个问题，因课外补习与学生成绩之间的关系验证起来比较复杂而一直没有统一的结论。究其方法层面的原因，主要有二[①]：一是选择性偏误（主要是自选择偏误）引起的内生性问题，具体来说，参加课外补习的机会并不是随机的，也并非所有学生都有机会参加课外补习，个人特征、家庭背景、学校特征等因素既影响学生是否参加课外补习，又影响学生的学业表现，由此产生

[①] 基于对以往实证研究的交互验证，遗漏解释变量并非实证研究关注的重点。

了内生性问题，即当参加补习（干预组）和未参加补习（控制组）的两组学生在特征变量上的差异也能显著影响学生的学业成绩时，我们就无法对因果关系进行推断。二是关于课外补习和学业成绩互为因果引起的内生性问题，我们并不能确定到底是参加课外补习提高/降低了学生的学业成绩，还是只有学业成绩高/低的学生才会选择参加课外补习。严格来讲，在不能进行自然随机实验的前提下，我们很难同时解决所有内生性问题。社会科学研究中解决自选择偏误一般采用倾向得分匹配法（适用于横截面数据）和双重差分法（适用于追踪数据）进行反事实分析；解决互为因果的内生性问题一般采用工具变量法（适用于横截面数据）和动态面板回归法（适用于追踪数据）。基于以上讨论[①]，笔者从我国 2010 年以来聚焦课外补习影响效应的研究中筛选出八篇文献进行论述，它们均试图从某一方面解决内生性问题，并聚焦于对学生的学业成绩和认知能力进行实证研究，以此尝试利用"他山之石"来回答课外补习到底对我国学生有没有用，以及对谁有用的问题。

一、解决选择性偏误问题后的实证研究结果

基于不同横截面数据分析课外补习的影响效应的研究有五篇，且均采用倾向得分匹配法进行估计；基于追踪数据分析的研究有两篇，均采用双重差分倾向得分匹配法。区分中小学不同学习阶段对研究结果进行汇总，其中：中学生课外补习效果评估大多是基于国际和国内大规模调查项目，如 PISA（国际学生评估项目）、CEPS；小学生课外补习效果评估大多是基于某一地区的抽样调查。具体综述如下所示。

[①] 薛海平（2015）也采用 PSM 方法进行研究，但因其核心解释变量包括学术类课外补习和才艺类培训，因变量采用的是学生学业成绩的排名，而非实测结果，故本书不再对其进行综述。张羽等（2015）采用多水平分层法，追溯了 2014 年北京市某示范初中 1634 名初中生在小学 1—6 年级的补习情况，分析了初一、初二、初三的第 3、7、11 次考试成绩的课外补习研究结果，虽然其数据呈现出面板数据的特征，但对于是否解决了互为因果的内生性问题存疑，本书亦不再对其进行综述。

（一）课外补习对初中生发展的影响

胡咏梅等（2015）采用 RPSM（再加权倾向得分匹配）方法，基于 PISA 2012 的数据对上海 15 岁中学生数学补习的影响效应进行估计，发现数学补习对学生的数学成绩没有影响，但数学补习存在缩小不同家庭社会文化经济背景的学生群体的数学成绩差异的可能性。孙伦轩和唐晶晶（2019）采用双重差分倾向得分匹配法，基于 CEPS 2013—2014 年、2014—2015 年两期追踪数据进行分析的结果表明，参加数学、语文、英语补习对三科成绩都没有单独影响，但参加课外补习对学生三科总成绩有显著的负向影响，并且这种显著的负向影响主要存在于男生、农村地区和父母职业为非精英阶层的弱势群体中。在分样本学生群体中，数学补习对城市学生的数学成绩，以及英语补习对农村学生的英语成绩有显著的正向影响。Zhang（2018）则是基于 CEPS 在 2013—2014 年的基线数据，采用 PSM 方法分析课外补习对学生认知能力等的影响效应，研究结果表明，暑假期间参加课外补习对学生的认知能力和学校融入都有显著的积极影响，日常课外补习对全样本九年级学生的认知能力有显著的积极影响，但对全样本七年级学生群体的认知能力没有影响。

（二）课外补习对小学生发展的影响

庞晓鹏等（2018）采用双重差分倾向得分匹配的研究方法，基于 2012—2013 年陕西省榆林市农村小学生的两次追踪数据进行分析，结果表明，周末补习对西部农村小学生的数学成绩没有影响。李佳丽和胡咏梅（2017）、李波（2018）采用 PSM 方法分别对中部某省会城市和北京市功能拓展区四年级小学生进行研究的结果表明，一对一家教对中部某省会城市四年级小学生的学业成绩（语文和数学）有显著的负向影响，而辅导班则有显著的正向影响，并且学习基础差、属于留守儿童群体、家庭经济水平低的中部省会城市的小学生能从辅导班中获益更多；北京市功能拓展区四年级小学生参加英语补习和数学补习能显著提高相应科目的学业成绩，但语文补习没有显著的影响，家庭资本充裕的学生能从英语、数学补习中获益更多，其中英语补习适合基础差的学生，而数学补习适合基础好的学生。

二、解决互为因果问题后的实证研究结果

Zhang（2013）基于2009—2010年山东省济南市6474名高中生的数据，在采用两个工具变量解决互为因果问题后的研究结果表明，参加课外补习、补习时间长、补习费用高对全样本学生的总高考成绩有显著的负向影响；只有英语补习对高考成绩有显著的正向影响，但只对城市的能力在0.25分位上的学生的高考成绩有显著的正向影响，对农村的能力在0.25分位上的学生的高考成绩则有显著的负向影响；是否参加数学、语文补习对分样本和城市学生的高考成绩没有影响。

三、课外补习到底有没有用？对谁有用？

（一）课外补习对小学生发展的影响

周末课外补习对西部农村小学生的数学成绩没有影响，但某一类型（辅导班）、某一科目（英语或数学）的日常补习对省会城市和北京市部分区域的小学生的学业成绩有积极的影响。省会城市的辅导班更适合基础较差、家庭经济水平低、留守老家的儿童，北京市功能拓展区的英语、数学补习班更适合家庭资本充裕的学生。

（二）课外补习对初中生发展的影响

课外补习对全样本初中生的学业成绩没有影响，但对学生的非成绩类能力（如认知能力、学校融入能力等）有显著的积极影响，并且如果单看某

个科目，课外补习对某些学生群体的学业成绩依然存在显著的正向影响，如数学补习对城市中学生，以及英语补习对农村中学生存在积极的影响效应。

（三）课外补习对高中生发展的影响

对于济南市的高中生来说，是否参加数学、语文补习对学生的高考成绩没有影响，但参加数学和语文补习对农村学生的高考成绩有显著的负向影响。只有部分学科（如英语）的补习对高考成绩有显著的积极影响，并且只对优势学生群体（如城市地区在学校成绩排名前25%的学生）有显著的正向影响，对弱势学生群体（如农村地区在学校成绩排名前25%的学生）反而有消极影响。

综合以上研究结论，我们大致可以得到的整体研究结论为：课外补习对全样本学生群体的学习成绩并没有作用，甚至可能会有显著的负向作用。那么，为什么家长和学生选择花费金钱、时间和精力去参加补习？孙伦轩和唐晶晶（2019）提出了补习可能是"心理安慰剂"的观点，但引起"补习热"的更重要的原因应该是某一特定学生群体参加某一特定科目或类型补习带来了成绩提升，这引起了急于让孩子从教育竞争中脱颖而出的家长的"追捧"。然而，我们并不能简单地给这种行为贴上"非理性"标签，而是需要对收入不平等、教育回报率、教育竞争、教育均衡等因素与课外补习之间的关系进行再次讨论。

第二节 实证探究——课外补习的均值和异质性影响

虽然第一节的综述既探究了课外补习的均值效应，也分析了不同特征学生群体从课外补习中获益的差异性，但其仅考虑了课外补习对学生全样本的平均影响效应和对不同学生群体影响的异质性，忽视了不同特征学生群体参加课外补习的机会差距，因此不能准确得出影子教育对教育不均等的影响。例如，Zhang（2013）没有考虑到薄弱学校和优质学校、成绩较差的学生和成绩较好的学生参与影子教育的机会有别，如果薄弱学校或成绩较差的城市学生参加课外补习的可能性较小，那么即使该群体能从课外补习中获益，课外补习对教育均等的贡献也会"打折扣"。因此我们在分析时需要同时考虑不同特征学生参加课外补习的可能性，以及课外补习对不同特征学生群体影响的异质性，即影子教育对参加机会不同的学生的影响是否存在差异。如果来自优势家庭的学生（父母收入高，父母受教育水平和职业地位高，住在城市地区）不仅更有机会参加课外补习，而且能够从课外补习中获益更多，那么课外补习会加剧教育不均等。但如果只有较少机会参加课外补习的弱势家庭学生能从课外补习中获益更多，那么研究者和政策制定者需要解决的问题就是如何为参加影子教育机会较少但从中获益更多的弱势学生群体提供类似于课外补习的服务，以减少弱势学生群体和优势学生群体之间的教育不均等。此外，部分关注影子教育的学者尝试通过理性选择理论分析家长和学生选择影子教育的原因，认为中产阶级家庭在公共教育选择优势逐渐消失时，会将影子教育视为维护教育竞争优势的另一途径（Smyth，2008；Park et al.，2016）。

一、理论基础和研究问题

到底是参加课外补习机会更多的优势阶层学生群体能从课外补习中获益更多，还是参加课外补习机会更少的弱势阶层学生群体能从课外补习中获益更多，抑或是参加课外补习机会处于中间水平的中产阶层学生群体能从课外补习中获益更多，回答这个问题需要相关理论的支撑和经验研究的验证。

正负向选择假说最先由 Brand 和 Xie（2010）提出，其中包含最有可能接受高等教育的学生群体从高等教育中获益更多，以及接受高等教育可能性最小的学生群体从高等教育中获益更多两个假设。基于学生是否参与课外补习与是否接受高等教育有一定的相似性，我们分析最有可能或最没有可能参加课外补习的学生群体从课外补习中获益的情况，以此为教育机会均等研究提供更有说服力的分析。经济学中的理性行为理论是正向选择假说的理论基础：个体基于预期的经济收益决定是否追求高等教育（Becker，1962；Mincer，1974）。期望从高等教育中获益更多的个体更有可能接受高等教育，所以最有可能参加高等教育的个体更可能从高等教育中获益。是否参加课外补习与是否参加高等教育有一定的相似性，因此我们推测，期望从课外补习中获益更多的学生最有可能参加课外补习。对正向选择假说的另外一种解释为：参与课外补习倾向性不同的学生群体接受的课外补习的数量和质量不同。更有机会参加课外补习的学生大多来自社会经济地位有优势的家庭，相较于来自条件较差家庭的学生，他们更有机会享受高质量的课外补习。以往研究多聚焦于是否参加课外补习的影响效应，忽视了不同质量和数量课外补习的影响效应，而在课外补习市场较大、大部分学生都参与课外补习的国家和地区，不同质量和数量的课外补习对学生的影响效应并不相同。负向选择假说认为参加课外补习可能性不同的学生会有与正向选择假说不同的结果。具体来说，参加课外补习倾向性高的学生不仅家庭背景有优势，而且这些学生在学习动机、学习资源和家长支持方面可能有较大优势。考虑到这一情况，参加课外补习倾向性高的学生即使不参加课外补习，也有可能获得更好的成绩，而对于参加课外补习倾向性低的学生群体，因他们在社会和教育资源方面处于弱势地位，学业成绩可能较低，从边际效应的角度来说，课外补习对较少或从未参加课外补习的弱势学生群体所产生的影响效应应该大于更有可能参加课外补习的优势学生群体（Choi and Park，2016）。

还有部分学者尝试通过理性选择理论分析家长和学生选择课外补习的原因，认为中产阶级在公共教育选择优势逐渐消失时，会将课外补习视为维护教育竞争优势的另一途径（Smyth，2009；Park et al.，2013；Park et al.，2016）。虽然以往有关不同国家和地区课外补习影响因素的研究大都得出家庭社会经济地位能够显著正向预测课外补习参与机会的结论（Bray et al., 2014），但上述基于理性选择理论的假设并没有得到验证。仅有的一篇相关研究的结果表明，爱尔兰参加课外补习的学生并没有集中在中产阶层家庭（Smyth，2009），但Smyth（2009）相信，在考试竞争激烈的社会，课外补习会成为中产阶层维护竞争优势的策略。很遗憾，在有高风险测试的东亚国家，我们没有发现相关实证研究对理性选择理论进行验证。虽然有学者认为课外补习是能够负担课外补习的中产及以上阶层的优势家庭维持教育不均等的又一途径，但研究无法排除弱势学生群体从课外补习中获益更多的可能性（Choi and Park, 2016）。课外补习是不是中产阶级为了维护阶层优势的产物，换言之，中产阶层的学生是不是更有可能选择课外补习并且从课外补习中获益更多，是后续相关研究应当关注的另一重点。

基于以上讨论，本章拟验证以下问题：

1. 若参加课外补习机会最大的学生群体能够参加课外补习并从中获益更多，则正向选择假说得到验证。

2. 若参加课外补习机会最小的学生群体能够参加课外补习并从中获益更多，则负向选择假说得到验证。

3. 若参加课外补习机会处于中间水平的中产阶层家庭的学生群体从课外补习中获益更多，则理性选择理论得到验证。

二、研究结果

我们基于CEPS 2013—2014年的基线数据，采用多水平分层SM方法对上述问题进行验证，主要解释变量为是否参加学术性课外补习，被解释变量为认知能力，控制变量包括性别、户口、兄弟姐妹数量、流动儿童、前期学业成绩、自我教育期望、家庭经济水平、父母最高职业地位、父母最高受教育程度、父母教育期望、学校所在地行政级别、所在地类型、学校排名、学校类别等。

（一）课外补习参与的群体性特征差异

表 2-1 为七年级和九年级参加与未参加课外补习的学生群体的特征描述。具体来看：个体层面，七年级参加课外补习的男生比例较高，而九年级学生中参加课外补习的女生比例较高；七年级和九年级学生群体中参加课外补习的学生的兄弟姐妹数在 0 到 1 之间，因此更接近于独生子女；参加与没有参加课外补习的学生中的流动儿童比例没有显著差异；参加课外补习的七年级和九年级学生群体的平均学业成绩显著高于没有参加课外补习的学生群体。在家庭背景和学校特征层面，不管是七年级还是九年级学生，参加课外补习的学生的家庭社会经济地位、父母和学生的教育期望与学校质量都显著优于没有参加课外补习的学生。参加课外补习的学生的家庭更富裕，父母的受教育水平和职业地位也更高，他们来自省会城市和直辖市等的概率显著高于没有参加课外补习的学生群体，并且参加课外补习的学生所就读的学校在市中心的比例远远高于没有参加课外补习的学生。另外，参加课外补习的学生所在的学校和班级的排名也较为靠前。总体来说，能够参加课外补习的学生家庭背景较好，父母对子女的教育期望较高，所在的学校质量也较好。

表 2-1 参加与未参加课外补习的学生群体的特征描述

特征		七年级			九年级		
		总样本	参加补习	未参加补习	总样本	参加补习	未参加补习
个体特征	男生	0.53	0.50	0.54	0.50	0.47	0.52
	农业户口	0.54	0.38	0.62	0.56	0.34	0.66
	流动	0.32	0.31a	0.32	0.21	0.20a	0.22
	兄弟姐妹数量	0.75	0.54	0.87	0.74	0.46	0.87
	前期学业成绩	69.99	70.62	69.72	69.98	71.55	69.25

续表

特征		七年级			九年级		
		总样本	参加补习	未参加补习	总样本	参加补习	未参加补习
家庭背景	家庭经济水平	1.81	1.95	1.74	1.83	1.98	1.75
	父母受教育程度	2.67	3.12	2.44	2.61	3.19	2.33
	父母的职业地位	3.84	4.57	3.47	3.56	4.55	3.08
期望	学生的教育期望	6.68	7.18	6.44	6.38	6.99	6.10
	父母的教育期望	7.11	7.42	6.95	6.83	7.27	6.62
	父母的成绩期望	1.91	2.00	1.86	1.73	1.89	1.65
学校特征	学校所处城市	0.90	1.24	0.72	0.86	1.31	0.64
	学校城乡位置	1.04	1.39	0.85	1.01	1.43	0.80
	学校排名	2.94	3.08	2.86	2.66	3.14	2.87
	班级排名	2.33	2.41	2.29	2.48	2.51b	2.47

注：第一，a指参加和未参加课外补习的学生某特征在$p<0.1$的水平上差异显著；第二，b指参加和未参加课外补习的学生某特征差异不显著。除了九年级班级排名没有显著差异外，七年级和九年级参加与未参加学术性科目补习的学生在其他因素上有显著差异。

（二）参加课外补习对不同学生群体的平均和异质性影响效应分析结果

第一步，我们估计七年级和九年级学生个体参加课外补习的倾向得分的Logit回归，其结果（见表2-2）与描述性统计分析结果相似：无论是七年级还是九年级学生，男生、农业户口、流动儿童和兄弟姐妹数量多的学生群体参与课外补习的机会显著小于相对位的学生群体；家庭经济水平、父母受教育程度和职业地位、父母和学生个体的教育期望、学校所属行政级别、学校所在地等因素能显著正向预测学生是否参加课外补习。然而，前期学业成绩对七年级和九年级学生参与课外补习的预测方向并不相同，七年级前期学业成绩较差的学生更有可能参加课外补习，而九年级前期学业成绩好的学生则更有可能参加课外补习。

表 2-2　参与课外补习的影响因素的 Logit 回归结果

	变量	七年级	九年级
个体特征	男生	−0.118** （0.048）	−0.146*** （0.054）
	农业户口	−0.242*** （0.054）	−0.238*** （0.063）
	流动	−0.107** （0.037）	−0.157*** （0.049）
	兄弟姐妹数量	−0.088** （0.032）	−0.131*** （0.039）
	前期学业成绩	−0.008** （0.003）	0.011*** （0.004）
家庭背景	家庭经济水平	0.190*** （0.044）	0.290*** （0.050）
	父母受教育程度	0.112*** （0.024）	0.119*** （0.028）
	父母的职业地位	0.063*** （0.012）	0.080*** （0.013）
期望	学生的教育期望	0.087*** （0.015）	0.111*** （0.016）
	父母的教育期望	0.062*** （0.019）	0.075*** （0.022）
	父母的成绩期望	0.109*** （0.032）	0.132*** （0.033）
学校特征	学校所处城市	0.369*** （0.031）	0.550*** （0.034）
	学校城乡位置	0.421*** （0.034）	0.428*** （0.038）
	学校排名	−0.030 （0.032）	0.044 （0.036）
	班级排名	0.091*** （0.024）	0.042 （0.028）
	p 值	0.000	0.000
	N	9818	8895

注：括号内为标准误；* 表示 $p<0.01$，** 表示 $p<0.05$，*** 表示 $p<0.001$。

第二步，我们基于个体参与课外补习的倾向得分，将学生按照得分由低到高分为七个层级，在每一层级中，接受和没有接受课外补习的学生的大部分特征变量没有显著差异。如表 2-3 和表 2-4 所示，无论是七年级还是九年级学生，参加课外补习可能性越高的学生群体的家庭背景（如家庭经济水平、父母职业和受教育水平）、期望程度（如学生和家长的教育期望、家长对学生学业成绩的期望）、学校特征（如学校所在地的发达程度、学校的教育质量）等因素的优势越明显。具体来说，对于七年级和九年级学生，参加课外补习可能性小于 0.15 的学生群体的平均学业成绩只有 68 分左右，他们大部分在县级市的农村学校读书，家庭经济水平较为一般，父母大部分为个体户，父母的平均受教育程度为初中，家长对学生的教育期望为大学专科水平；参加课外补习可能性大于 0.65 的学生群体的平均学业成绩则为 71.5 分，他们大部分在省会城市的学校读书，家庭经济水平为中上，父母大部分为专业技术人员或高级管理人员，父母的平均受教育程度为大专或本科，家长期望自己的孩子至少读到研究生阶段。

表 2-3 不同倾向得分学生群体各协变量均值比较（七年级）

变量		层级 1 P=[0, 0.15]		层级 2 P=[0.15, 0.25)		层级 3 P=[0.25, 0.35)		层级 4 P=[0.35, 0.45)		层级 5 P=[0.45, 0.55)		层级 6 P=[0.55, 0.65)		层级 7 P=[0.65, 0.90]	
		$d=0$	$d=1$	$d=0$	$d=1$	$d=0$	$d=1$	$d=0$	$d=1$	$d=0$	$d=1$	$d=0$	$d=1$	$d=0$	$d=1$
个体特征	男生	0.60	0.59	0.56	0.51	0.53	0.54	0.52	0.49	0.47	0.50	0.46	0.51	0.45	0.45
	农业户口	0.84	0.86	0.78	0.78	0.66	0.65	0.41	0.48	0.32	0.26	0.12	0.09	0.03	0.01
	流动	0.20	0.25	0.31	0.36	0.40	0.38	0.48	0.45	0.35	0.37	0.27	0.28	0.16	0.14
	兄弟姐妹数量	1.34	1.40	1.01	0.98	0.80	0.75	0.60	0.60	0.38	0.36	0.23	0.28	0.15	0.12
	前期学业成绩	67.98	69.37	69.55	70.11	70.44	69.71	70.63	70.30	70.74	71.01	71.28	70.97	71.47	71.65
家庭背景	家庭经济水平	1.35	1.31	1.69	1.72	1.86	1.93	1.94	1.95	2.01	1.99	2.07	2.05	2.16	2.16
	父母受教育程度	1.90	1.91	2.12	2.17	2.31	2.40	2.68	2.56	3.14	3.01	3.60	3.69	4.60	4.66
	父母的职业地位	2.02	2.29	3.02	3.32	3.61	3.61	4.33	4.05	4.61	4.53	5.35	5.25	6.55	6.65

续表

变量		层级1 P=[0, 0.15) d=0	层级1 d=1	层级2 P=[0.15, 0.25) d=0	层级2 d=1	层级3 P=[0.25, 0.35) d=0	层级3 d=1	层级4 P=[0.35, 0.45) d=0	层级4 d=1	层级5 P=[0.45, 0.55) d=0	层级5 d=1	层级6 P=[0.55, 0.65) d=0	层级6 d=1	层级7 P=[0.65, 0.90] d=0	层级7 d=1
期望	子女教育期望	4.85	5.31	6.48	6.55	6.97	6.86	6.98	6.84	7.20	7.20	7.57	7.67	8.01	8.16
	父母教育期望	5.95	6.09	6.98	7.07	7.28	7.18	7.32	7.29	7.56	7.53	7.59	7.68	7.84	7.99
	父母的成绩期望	1.51	1.76	1.90	1.92	1.98	1.94	1.97	1.97	1.97	1.93	2.11	2.04	2.15	2.23
学校特征	学校所在城市	0.10	0.12	0.36	0.34	0.83	0.84	1.18	1.23	1.43	1.49	1.66	1.67	1.94	1.91
	学校城乡位置	0.14	0.18	0.56	0.52	0.99	0.95	1.34	1.46	1.67	1.69	1.87	1.91	1.97	1.98
	学校排名	2.57	2.63	2.79	2.79	2.90	2.85	2.99	2.93	3.15	3.10	3.24	3.32	3.33	3.47
	班级排名	2.16	2.05	2.21	2.39	2.30	2.45	2.37	2.33	2.45	2.36	2.50	2.37	2.73	2.62
	认知能力	−0.46	−0.39	−0.16	−0.10	0.03	−0.01	0.10	0.08	0.21	0.30	0.39	0.33	0.52	0.47
N		1462	185	1811	487	1196	464	805	459	515	520	362	622	274	656

表2-4 不同倾向得分学生群体各协变量均值比较（九年级）

变量		层级1 P=[0, 0.15)		层级2 P=[0.15, 0.25)		层级3 P=[0.25, 0.35)		层级4 P=[0.35, 0.45)		层级5 P=[0.45, 0.55)		层级6 P=[0.55, 0.65)		层级7 P=[0.65, 0.90]	
		d=0	d=1	d=0	d=1	d=0	d=1	d=0	d=1	d=0	d=1	d=0	d=1	d=0	d=1
个体特征	男生	0.56	0.51	0.50	0.54	0.51	0.47	0.48	0.47	0.49	0.50	0.45	0.47	0.41	0.42
	农业户口	0.85	0.85	0.75	0.76	0.58	0.63	0.45	0.46	0.30	0.28	0.22	0.16	0.06	0.03
	流动	0.16	0.21	0.23	0.28	0.33	0.32	0.30	0.31	0.32	0.20	0.18	0.20	0.11	0.10
	兄弟姐妹数量	1.20	1.21	0.93	0.78	0.66	0.72	0.50	0.54	0.37	0.39	0.26	0.24	0.14	0.14
	前期学业成绩	67.00	67.65	70.50	70.73	70.40	71.56	70.55	71.24	70.76	71.17	71.72	71.32	74.41	73.56
家庭背景	家庭经济水平	1.52	1.53	1.79	1.84	1.91	1.93	1.97	2.01	2.01	1.97	2.02	2.03	2.15	2.14
	父母受教育程度	1.91	1.96	2.11	2.20	2.37	2.39	2.61	2.57	2.96	2.97	3.33	3.40	4.41	4.39
	父母的职业地位	2.10	2.21	2.94	3.17	3.50	3.25	3.95	3.80	4.44	4.29	4.87	5.01	6.04	6.37

续表

变量		层级1 P=[0, 0.15)		层级2 P=[0.15, 0.25)		层级3 P=[0.25, 0.35)		层级4 P=[0.35, 0.45)		层级5 P=[0.45, 0.55)		层级6 P=[0.55, 0.65)		层级7 P=[0.65, 0.90]	
		d=0	d=1	d=0	d=1	d=0	d=1	d=0	d=1	d=0	d=1	d=0	d=1	d=0	d=1
期望	子女教育期望	5.25	5.63	6.42	6.44	6.52	6.71	6.83	6.76	6.74	6.88	7.17	7.02	7.78	7.79
	父母教育期望	6.00	6.29	6.83	6.83	6.92	7.07	7.12	7.13	7.23	7.24	7.40	7.43	7.91	7.78
	父母的成绩期望	1.42	1.55	1.79	1.86	1.77	1.72	1.76	1.80	1.86	1.82	1.91	1.90	2.09	2.12
学校特征	学校所在城市	0.14	0.13	0.45	0.50	0.94	0.91	1.30	1.30	1.49	1.47	1.62	1.63	1.81	1.87
	学校城乡位置	0.27	0.31	0.81	0.74	1.09	1.11	1.23	1.27	1.54	1.55	1.75	1.77	1.89	1.95
	学校排名	2.65	2.74	2.94	2.93	2.97	2.93	2.97	3.03	3.10	3.13	3.27	3.22	3.42	3.43
	班级排名	2.48	2.42	2.47	2.41	2.35	2.50	2.51	2.56	2.46	2.60	2.46	2.52	2.71	2.52
	认知能力	−0.44	−0.41	−0.15	0.02	0.04	0.11	0.20	0.19	0.33	0.45	0.43	0.45	0.57	0.57
N		2466	273	1341	303	787	313	490	324	349	352	267	437	303	890

第三步和第四步的结果回答了问题 1 至问题 3。图 2-1 和图 2-2 分别呈现了课外补习对七年级和九年级学生的影响以及不同层级异质性影响效应的趋势。表 2-5 列出了不同层级学生群体的影响系数、异质性影响效应趋势的斜率以及课外补习对七年级和九年级学生的平均影响效应。对于七年级与九年级的全样本学生群体来说,课外补习对不同倾向得分的学生群体的异质性影响效应并不显著,但对于七年级学生群体样本来说,课外补习对参与课外补习的概率在 [0.45, 0.55) 的层级 5 的学生样本的认知能力有显著的正向预测作用,但对其他六个层级的学生群体并没有显著影响;对于九年级学生样本来说,除了课外补习参与概率在 [0.45, 0.55) 的学生群体,课外补习还对课外补习参与概率在 [0.15, 0.25) 的学生群体的认知能力有显著的正向预测作用,但对其他五个层级的学生群体没有显著的影响效应。

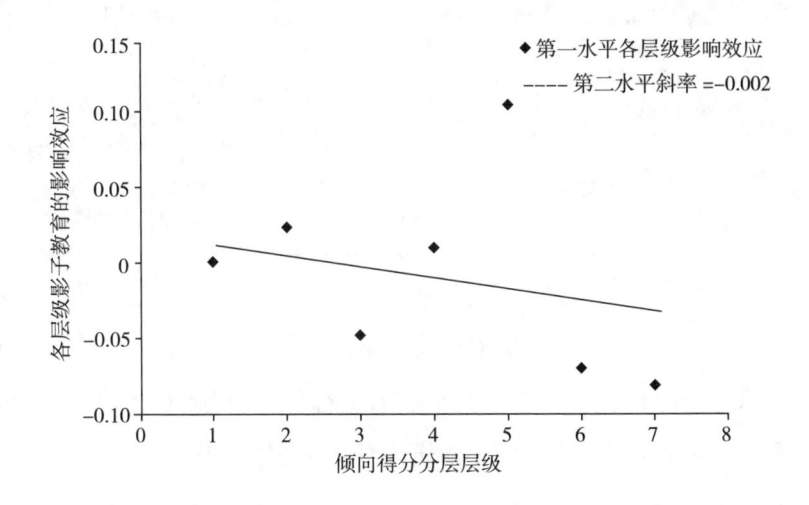

图 2-1 课外补习对学生认知能力的多水平分层影响效应(七年级)

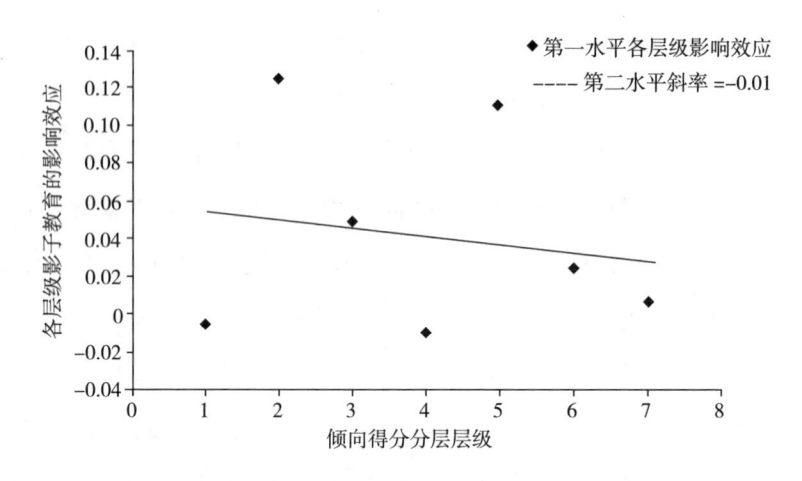

图 2-2　课外补习对学生认知能力的多水平分层影响效应（九年级）

表 2-5　课外补习对不同倾向得分群体的异质性影响效应

指标		第一水平							第二水平	OLS估计
		层级1	层级2	层级3	层级4	层级5	层级6	层级7		
课外补习	七年级	0.002 (0.054)	0.022 (0.039)	−0.042 (0.041)	0.007 (0.045)	0.112** (0.048)	−0.066 (0.049)	−0.074 (0.054)	−0.002 (0.009)	0.000 (0.017)
	九年级	−0.007 (0.042)	0.131** (0.046)	0.051 (0.049)	−0.014 (0.055)	0.113** (0.056)	0.019 (0.060)	0.001 (0.050)	−0.010 (0.012)	0.048** (0.019)

注：括号内为标准误；* 表示 $p<0.01$，** 表示 $p<0.05$，*** 表示 $p<0.001$。

对问题1的解答：无论是七年级还是九年级学生，课外补习对最有可能参与课外补习的学生群体的认知能力的提高都没有显著的影响，即最有可能参加课外补习的学生群体并不能从课外补习中获益。

对问题2的解答：参加课外补习对参加课外补习可能性较小的七年级弱势学生群体并没有显著的影响，即七年级弱势学生群体并没有从课外补习参与中获益；但对于面临升学压力较大的九年级学生来说，倾向得分处于[0.15, 0.25)的较不可能参加课外补习的弱势学生群体从课外补习的参与过程中获益最多。因此负向选择假说在升学竞争压力大的九年级学生群体中得到验证。

对问题3的解答：不论是七年级还是九年级学生，课外补习对参与可能性处于中间水平的学生群体的认知能力都有显著的提高作用，而参与课外补习可能性处于中间水平的学生群体大部分来自经济水平中等、父母受教育程度和职业地位处于中间位置的中产阶层家庭，换言之，参与课外补习可能性处于中间水平的中产阶层家庭的孩子从参与课外补习中获益更多。

总体来说，中产阶层家庭的孩子不仅参与课外补习的机会较大，且更有可能从课外补习中获益，在面临升学压力时，弱势学生群体从课外补习中获益最大，但遗憾的是弱势学生群体参加课外补习的机会较少。

三、研究结论和建议

（一）研究结论

我国的课外补习仍然主要是社会经济地位处于优势的家庭的消费品。学生的家庭社会经济地位（如家庭经济水平、父母受教育程度和职业地位）越高，其参加课外补习的可能性越大，这与其他研究，尤其是对亚洲国家和地区，如日本（Stevenson and Baker，1992；Matsuoka，2015）、越南（Dang，2007）等的研究结果相同。不同家庭背景的学生参与课外补习的机会并不相同——这一前提是探讨课外补习对教育不均等的影响的关键启示。

学生前期的学业成绩虽然能显著预测学生参与课外补习的可能性，但对不同年级学生的预测方向并不相同。虽然以往研究表明在深受儒家文化影响且以竞争激烈的选拔性考试为升学依据的东亚国家，如韩国、中国和日本，学业成绩好的学生更有可能参加课外补习，即学生参加课外补习的主要目的是"培优"（Kim and Lee，2010），但笔者基于不同年级的研究结论显示，对七年级学生来说，前期成绩较差的学生更有可能参加课外补习，而对于九年级学生来说，则是成绩好的学生参加课外补习的可能性更大。这可能是因为七年级学生刚升入中学,竞争压力相对较小,学生选择参加课外补习更多的是一种为跟上课程进度,赶上同班其他同学学业水平的"补差"行为,而九年级的学生面临升学压力,参加课外补习是一种为了在升学考试中更有竞争优势的"培优"行为(Baker and LeTendre, 2005)。

我们基于多水平分层法的异质性影响效应分析,对哪些群体能从课外补习中获益这一问题作出了有力的回答。

第一,参与课外补习可能性较大的中产阶层家庭的学生更有可能从课外补习中获益。不论是七年级还是九年级,课外补习对参加课外补习概率处于 [0.45, 0.55) 的中间水平、来自中产阶层家庭的学生群体的认知能力有显著的正向促进作用,这说明中产阶层家庭的学生从课外补习中获益更多,基于理性选择理论的假设由此得到验证。虽然关于爱尔兰的实证研究结果表明参加课外补习的优势并没有局限于中产阶层家庭,但该文作者研究认为在考试竞争激烈的社会,课外补习会成为中产阶层维护竞争优势的策略(Smyth, 2009)。本研究验证了我国中产阶层家庭可能会将课外补习当作维护阶层优势的一条途径,通过选择课外补习来维护自身的教育竞争优势,从而保持阶层稳定。其背后的原因可能是:随着公立教育体制逐渐完善,政府采取一系列措施缩小城乡和校际的教育质量差距,围绕正规教育质量的竞争开始得到缓解。因此,不同阶层的家庭教育竞争的核心开始从学校教育转向课外补习。

第二,九年级参加课外补习机会较少的弱势学生群体更有可能从课外补习中获益。对九年级学生来说,课外补习除了对参与课外补习可能性处于中间水平的学生群体的认知能力有正向的影响效应外,对较不可能参与课外补习的学生群体,即补习概率处于 [0.15, 0.25) 的认知能力也有显著的正向提高作用,这说明参加课外补习可能性较小的九年级弱势学生群体能从课外补习中获益更多,由此基于负向选择假说的假设得到部分验证。相对应地,参加课外补习机会更大的优势学生群体并不能从参与中获益,由此基于正向选择假说的假设没有得到验证。该结论说明，中产阶层以上的优势家庭学生群体虽然更有机会参与课外补习，但其并不能从课外补习中获益，而弱势学生群体如果有机会参与课外补习，则能从课外补习中获益更多。所以增加九年级弱势学生群体参加课外补习的机会可能有助于缩小教育差距。但这并不意味着鼓励扩大课外补习市场。由于课外补习是收费的，鼓励家庭条件不好的学生参加课外补习进而缩小教育差距并不现实。所以研究者和政策制定者需要考虑的问题是：如何为参加课外补习机会少但能从中获益更多的弱势学生群体提供类似于课外补习的服务。

（二）研究建议

本章基于研究结果提出以下政策建议。

课外补习会对部分学生群体的学业表现产生正向的影响，并且满足了部分家庭的需求，这是其盛行一时的主要原因。完全禁止课外补习市场可能存在困难，譬如柬埔寨、缅甸和韩国政府均曾尝试禁止私人补习，但都以失败告终。特别值得一提的是，韩国政府在1980年曾全面禁止补习，虽然该政策的确极大地缩小了私人补习的规模，但补习并没有被完全消除，而是转入"地下"并且收费更高（Bray et al.，2014）。同时本章的研究结论也表明，面临升学压力较大的弱势学生群体相较于优势学生群体更能从课外补习中获益，所以政府可能需要采取有效措施为弱势学生群体提供类似课外辅导的服务，以缩小弱势学生群体与优势学生群体之间的成绩差距，进而缩小教育差距。

具体来说，第一，政府可以为在教育竞争中处于不利地位的弱势家庭的学生提供类似于学习辅导的课后补偿性教育服务。如政府可以通过课后服务券、服务津贴等措施，满足成绩落后学生的额外学习指导需求，为农村地区、薄弱学校、家庭资本较少、成绩较差的弱势学生提供辅助学习的机会，这种补偿性教育服务在澳大利亚、英格兰、法国、新加坡、美国等发达国家较为常见（薛海平，2015）。第二，利用现代教育技术，促进课外补习教育资源共享。现代远程教育技术的发展日趋成熟,政府可以依托现代教育技术手段,整合优秀教师资源,搭建免费的网络教育补习平台,让弱势学生群体和优势学生群体享受同样的在线辅导(杨洪亮,2012)。

第三章　时间投入——父母参与对学生发展的影响

第一节　父母参与和社会资本理论

《科尔曼报告》通过对美国不同种族学生学业成绩影响因素的分析，发现家庭背景有别是不同学生群体成绩差异的主要来源（Coleman et al.，1966），后续的实证研究相继得出家庭的经济资本、人力资本对学生的教育获得有显著的正向预测作用的结论，这似乎证实了家庭背景是教育不平等，甚至是社会不平等的再生根源。然而，这些研究无法解释贫困家庭子女在教育中获得成功的原因。Coleman 等（1982）从代际闭合的视角分析了为什么天主教中学的学生的家庭背景明显比公立中学学生的差，但天主教中学的辍学率仅为公立中学的 1/3。该研究认为，天主教中学的教师和学生有共同的价值观，这种高度闭合的网络所产生的规范和制约有助于对学生进行行为监督，并且作者相信，孩子的家庭交流越多，互动越频繁，代际闭合水平越高，孩子就越有可能取得学业上的成功。自此，科尔曼开始强调社会资本在教育过程中的重要性，其后续研究将社会资本分为两类：家庭内部社会资本和家庭外部社会资本。家庭内部社会资本多指家长对子女的关注，以及花费在子女身上的时间和精力，如父母与子女的交谈次数、父母陪伴子女的时间等；而家庭外部社会资本多指家长为了自己的子女与社区内其他家长进行同代交流，又称代际闭合（Coleman，1988）。[①]两年后，科尔曼又提出了父母教育参与的概念，将社会资本从家庭内部的父母与子女的关系、家庭外部的社区内家长与家长的关系拓展至家长与教师的关系和家长对学校活动的参与。在科尔曼看来，父母参与包括家庭内部的参与（如父母对子女的陪伴）、家长的学校教育参与（如参加家长会等），它们体现了父母对子女的关注以及时间和精力的投入。家长与其他孩子家长之间的代际闭合则可以形成一种支持性社群，有利于各种有关孩子学习与生活的信息的交流和传递，从而可以监督、鼓励和促进孩子更加努力、更有效率地学习（Coleman，1990）。基于此，我们将父母参与划分为家庭内父母参与和家庭外父母参与，前者包含父母与孩子之间的互动交流，而后者包含学校参与和家长、孩子、孩子的同学、其他家长之间形成的围绕孩子发展的一种网络关系（Ho and Willms，1996；Morgan and Todd，2009；Fasang et al.，2014）。

国内有关社会资本与教育关系的研究已经逐渐从理论探讨转向实证研究，但相较于布迪厄强调社会关系网络资源的社会资本相关研究的丰富，科尔曼的社会资本在教育系统内的作用的相关研究则相对处于起始阶段，与国外数十年来的大量实证研究形成鲜明对比（谢爱磊和洪岩璧，2017）。对科尔曼社会资本理论进行验证的实证研究主要聚焦于家庭内父母参与和家庭外父母参与。其中家庭内父母参与聚焦于父母指导功课、监督学习、与子女的交流讨论频率和父母期望等指标；而家庭外父母参与则更多聚焦于学校参与，如父母与教师沟通、参与家长会、义务参与学校活动的频率等指标（吴重涵等，2014）。包含家庭外父母参与的另一主要维度——代际闭合的概念，是科尔曼首先提出的，但他并没有给予代际闭合更具可

[①] 在社会学研究领域，大部分学者（如赵延东、洪岩璧、谢爱磊等）倾向于将 Coleman（1988）的社会资本视为社会闭合，其中包含家长参与和代际闭合两部分。但本研究发现 Coleman（1988）在其关于社会资本的主要论文中提出代际闭合是更为复杂的一种社会网络闭合（closure of social networks），是父母、孩子与家庭外其他孩子和家长之间的关系。因此，本研究将回避"社会闭合"一词，聚焦代际闭合。

操作性的定义，而后来的学者将家长认识孩子朋友的数量、家长认识其他家长的数量、家长与其他家长交流的频数/熟悉程度等作为代际闭合的可操作性代理变量进行研究（Morgan and Sørensen，1999；Perna and Titus，2005）。国内已有的相关研究存在如下问题：第一，将科尔曼社会资本的概念过度泛化。如有的研究并未直接询问被调查者家庭或个人的社会资本情况，而是以家庭的社会经济地位（郑洁，2004）作为社会资本的代理变量。第二，将布迪厄的社会资本概念与科尔曼的社会资本概念混淆。如薛海平（2017）将父母的最高职业视为家庭外社会资本，并将父母对子女的期望、父母检查和指导学生作业作为家庭内社会资本。然而，父母的最高职业更多是基于布迪厄社会资本理论的中国父母社会关系网络的代理变量，后几个变量则是从科尔曼社会资本理论中延伸出来的父母参与变量。第三，对社会资本的测量并不完整。如在分析父母参与对学生认知能力的影响效应时，有的研究中的父母参与只包含家长教育责任感（作为家长教育期望的代理变量，这有待商榷）、家长监督作业和主动联系老师，而忽视家长参与的其他典型指标，如家长与子女的沟通交流、家长生活和文化陪伴、参加家长会等，并且在分析时忽视了个体和学校层面之间可能存在的嵌套关系（黄亮，2016）。第四，缺少对社会资本中较为重要的家庭外父母参与（如父母认识子女朋友数量、父母认识子女朋友的父母数量）的研究。

第二节　家庭内外父母参与对学生发展的平均和异质性影响

一、研究问题提出

国外关于家长参与的实证研究较多，部分研究结果显示家长参与对子女成长有积极作用，如父母能经常与孩子讨论学校相关事宜、经常参加家长会等行为有利于提高孩子的学业成绩或孩子上大学的概率（Ho and

Willms，1996；McNeal，1999；Perna and Titus，2005；Pong et al.，2005）。此外，有研究表明家长的教育参与对学生发展的作用甚至大于父母的人力资本，并且对低收入家庭的学生来说更为重要。父母参与程度高的家庭的学生更不容易辍学，会更积极地参与学校活动，且更不易成为"问题少年"（Park and Holloway，2017）。虽然以往研究倾向于得出父母参与对学生发展有重要影响的结论，但有关父母参与的不同指标对学生学业成绩和升学机会的影响效应并不相同，特别是父母参与中的各家庭参与指标对学生学业成绩的影响效应存在显著的差异。例如，国内外研究都表明父母经常与孩子讨论学校相关事宜、家庭文化沟通、一般沟通、吃饭陪伴等行为会给孩子学业成绩的提高带来极为显著的影响（Ho and Willms，1996；McNeal，1999；Pong et al.，2005；赵延东和洪岩璧，2012；蓝郁平和何瑞珠，2013），但父母直接监督和指导孩子学习对孩子的学业成绩影响不明显，甚至会造成显著的负效应（Sun，1998；Israel，2001；赵延东和洪岩璧，2012）。由此我们推断，父母对孩子的陪伴或其他没有压力的交流会对孩子的学业成绩产生正向的影响，但对孩子学业的监督则会产生负向的影响。

父母参与中的各学校参与指标对学生发展的影响也存在差异，大部分的学校参与指标，如父母参加家长会和学校的志愿活动、父母主动向教师了解孩子的学习或行为等指标，能够显著提高学生的升学机会（Perna and Titus，2005；Pong et al.，2005），但家长和教师的联系频率等指标对学生的学业成绩有显著的负向影响（Sun，1998）。在这个背景下，赵延东和洪岩璧（2012）尝试利用"孩子在学校是否有不良行为"这一工具变量来解决内生性问题，对学校参与的影响效应加以进一步验证。他们发现父母与教师的联系频率能正向预测学生的学业成绩。但这两项研究都没有控制学生的前期学业表现，所以我们仍然不能排除教师主动联系家长是因为学生学业成绩差的可能性。因此，本研究控制了学生的前期学业成绩，旨在解决部分互为因果的内生性问题，并在此基础上对家长的学校参与指标的影响效应进行较为准确的验证。

国内外涉及校外父母参与的另一维度——代际闭合对学生发展的影响效应的研究相对较少，并且研究结论并不一致。Carbonaro（1998）将父母认识的其他家长数量作为代际闭合的操作变量，研究结果表明，代际闭合对十二年级学生的数学成绩有显著的正向影响，但对其他科目的平均学分绩点（grade point average，简称 GPA）没有影响，此外学生的代际闭合水平越高，十二年级高中生的辍学率就越小。Pernu 和 Titus（2005）认为代际闭合是父母—父母参与，他们用与父母说过话的其他家长的数量作为操作变量，其研究结果表明代际闭合对学生升入两年制和四年制大学的机会都没有显著影响。另外一项研究将父母与其他家长过去四周的说话时间作为代际闭合指标变量，研究结果表明代际闭合对 7—12 年级学生的 GPA 有显著的正向影响（Fasang et al.，2014）。Fasang 等（2014）不仅对学生前期的 GPA 进行了控制，还将代际闭合分为三种形式：第一，非正式的代际闭合，即过去四周交流过的其他家长数；第二，基于学校的代际闭合，即家长是否为家长教师协会（parent-teacher association，简称 PTA）的会员；第三，是否参加过学校筹款活动，并且分别估计了三个代际闭合指标对学生高中最后一年的 GPA 成绩以及高中毕业概率的影响，研究表明，交流过的家长数和参加学校筹款活动能显著正向预测高三学生的 GPA 成绩，但是不是 PTA 会员对 GPA 没有影响；第四，沟通过的家长数和是不是 PTA 会员与高中毕业率紧密相关，而是否参加过学校筹款活动对学生的学业成绩没有影响。国内涉及代际闭合的关于社会资本影响效应的研究更少。赵延东和洪岩璧（2012）将家长认识其他家长的数量作为代理变量，分析代际闭合对小学生和中学生学业成绩的影响，其研究发现代际闭合对小学生的学业成绩有显著的正向促进作用，但对中学生没有影响。以上研究均没有对学生前期的学业成绩进行控制，虽然赵延东和洪岩璧（2012）加入了工具变量，但他们并没有对工具变量进行检验。

另外，有部分研究认为父母参与对不同年龄段学生发展的影响并不相同。如周文叶（2015）认为，父母的参与程度及其影响效应会随着孩子年龄的增长而下降。这是因为幼儿在身心发展不成熟的阶段只能依赖家长，所以父母参与的影响会较大；年龄较大的孩子有更强的独立决定的能力和愿望，与家人交流减少，而家长现有的知识和能力可能已无法给予孩子辅导和帮助，这些因素都导致了父母参与及其对学生学业影响效应的下降。但关于父母参与对不同年龄的学生的影响效应的实证研究结果并不一致。Dyk 和 Wilson（1999）对农村低收入家庭进行追踪调查，其研究发现相较于低年级学生，高年级学生与家庭成员讨论学习和工作计划的次数更少，并且讨论的效果也更不明显；关于中国的一项研究发现，父母与其他孩子的父母的交往对小学阶段的孩子成绩的影响更为明显，这种作用到了中学就有所削弱；而进入中学后，家长与教师的联系似乎更为重要。Parcel 和 Dufur（2001）的研究发现，家庭和学校的社会资本与学生年龄的交互作用并不显著，社会资本对不同年龄段的学生教育产出的影响并无差异。

我们基于以往研究的讨论，提出本章的主要研究问题，如下所示。

1. 家庭内父母参与（如亲子交流、亲子生活陪伴、亲子文化陪伴、亲子监督等）能否正向影响初中生的认知能力？

2. 家庭外父母参与（如父母与教师交流沟通、父母积极参加学校家长会、父母认识孩子的朋友的数量、父母认识孩子朋友的家长数量等）能否正向预测初中生的认知能力？

3. 家庭内外的父母参与对不同年级初中生的认知能力是否存在异质性影响效应？

二、研究结果

本节将基于科尔曼的社会资本理论，使用 CEPS 2013—2014 年的基线数据，采用主成分分析法，全面和准确地提取家庭内外父母参与的各项指标变量，然后采用 HLM 估计校内外父母参与的各项指标变量对初中生认知能力的影响效应。另外，本节将采用分样本加 Z 检验的统计检验方法估计校内外父母参与在不同年级学生群体中的影响效应的异质性。

因变量为学生认知能力测试成绩，它综合体现了学生在语言、图形、计算与逻辑等方面的能力。控制变量包括学生个体层面、家庭层面和学校层面的各个变量。主要处理变量为家长参与和代际闭合，其中家长参与分为家庭参与和学校参与，我们还通过主成分分析法（见表 3-1）将家庭内父母参与分为四个因子，包括家庭督导、家庭讨论、家庭生活陪伴、文化陪伴；家庭外学校参与包括参加家长会、学校沟通等变量；家庭外代际闭合包括父母认识子女的朋友数量，以及父母认识子女朋友的父母数量。

表 3-1 父母参与的因子分析结果

情形	因子1	因子2	因子3	因子4	因子5	信度	最大值	均值	标准差
家庭沟通	—	—	—	—	—	0.832	—	—	—
学校发生的事情	0.741	—	—	—	—	—	2.00	1.28	0.66
与老师的关系	0.754	—	—	—	—	—	2.00	1.14	0.72
与朋友的关系	0.725	—	—	—	—	—	2.00	1.14	0.74
孩子的心情	0.781	—	—	—	—	—	2.00	1.07	0.79
孩子的心事或烦恼	0.768	—	—	—	—	—	2.00	1.00	0.80
家庭文化陪伴	—	—	—	—	—	0.794	—	—	—

续表

情形	因子1	因子2	因子3	因子4	因子5	信度	最大值	均值	标准差
运动	—	0.518	—	—	—		5.00	2.22	2.07
读书	—	0.622	—	—	—		5.00	2.38	2.04
参观博物馆/科技馆	—	0.881	—	—	—		5.00	1.21	1.40
外出观看演出/比赛等	—	0.878	—	—	—		5.00	1.28	1.49
家庭督导						0.761	—	—	—
检查作业	—	—	0.862	—	—		3.00	1.40	1.18
指导功课	—	—	0.856	—	—		3.00	1.02	1.11
家庭生活陪伴	—	—	—	—	—	0.660	—	—	—
吃晚饭	—	—	0.845	—	—		5.00	4.55	1.10
看电视	—	—	0.838	—	—		5.00	4.03	1.47
学校沟通						0.669			
家长主动联系老师	—	—	—	0.853	—		3.00	1.39	1.02
老师主动联系家长	—	—	—	0.861	—		3.00	1.13	1.01
特征值	3.081	2.393	1.711	1.601	1.516		—	—	—
方差解释力	20.540	15.953	11.405	10.673	10.108		—	—	—

我们首先采用主成分分析中的方差最大化旋转方法，对父母参与的各个维度进行区分，父母参与分为五个因子，分别为家庭沟通、家庭文化陪伴、家庭生活陪伴、家庭督导、父母学校参与中的学校沟通，这五个因子解释了13个题项方差的68.68%，信度系数也较高，在0.660和0.832之间。总体来说，家长与学生的沟通频率，如与学生沟通学校发生的事的频率、与老师和朋友的交流频率等较高；家长对学生的生活陪伴，如陪学生吃晚饭、看电视等，以及家长检查学生作业等的频率也较高；父母对学生的家庭文化陪伴频率相对较低；家长主动联系老师的频率高于老师主动联

系家长的频率。

为了分析比较父母参与对不同年级学生认知能力的影响差异,我们不仅对全样本的影响效应进行估计,还分别估计了父母参与对七年级和九年级学生的影响。由 HLM 的零模型分析结果(见表 3-2)可知,无论是全样本还是分样本模型估计,学生认知能力都存在较大的校间差异。具体来说,校间差异可以解释全样本学生认知能力差异的 23.4%,也可以解释七年级学生认知能力差异的 23.9%,其中,对九年级学生认知能力差异的解释力度最大,为 29.0%。由此可知,学生的认知能力水平在学校层面存在显著差异,分层线性模型的分析结果更为可靠。

表 3-2 初中生认知能力的校间、校内差异比较

指标	初中生全样本	七年级	九年级
校间差异	0.17	0.18	0.21
校内差异	0.56	0.56	0.52
校间差异方差比	23.4%	23.9%	29.0%

(一)家庭内外父母参与对初中生认知能力的影响

表 3-3 的分析结果表明,在控制了个体层面、家庭层面和学校层面的变量之后(模型1),校间差异和校内差异都有所减少,控制变量分别解释了校间差异和校内差异的 40.5% 与 18.4%。在模型 2 加入家长参与和代际闭合之后,变量的校间差异和校内差异解释力度分别增加至 42.1% 与 18.7%,父母参与和代际闭合会减少初中生认知能力的校间差异。

表 3-3　家庭内外父母参与对初中生认知能力的影响效应

变量		初中全样本	
		模型 1	模型 2
固定效应	截距	0.06* (0.03)	0.06* (0.03)
	性别	−0.16*** (0.02)	−0.16*** (0.02)
	户口性质	−0.05** (0.02)	−0.04** (0.02)
	是否独生	−0.01 (0.02)	−0.01 (0.02)
	前期学业成绩	0.32*** (0.01)	0.31*** (0.01)
	自我教育期望	0.01** (0.00)	0.01** (0.00)
	家庭经济水平	0.01 (0.01)	0.01 (0.01)
	父母最高职业	0.01* (0.00)	0.01* (0.00)
	父母最高受教育程度	0.02*** (0.01)	0.02*** (0.01)
	父母教育期望	0.00 (0.00)	0.00 (0.00)
	父母对成绩的期望	0.04*** (0.01)	0.04*** (0.01)
家庭内父母参与	家庭沟通		0.01 (0.01)
	家庭文化活动陪伴		0.00 (0.01)
	家庭督导		−0.02** (0.01)
	家庭生活陪伴		0.02*** (0.01)

续表

变量		初中全样本	
		模型1	模型2
家庭外父母参与	学校沟通		0.03***（0.01）
	参加家长会		0.01（0.01）
	认识子女的朋友数		0.04**（0.02）
	认识子女朋友的家长数		−0.01（0.01）
学校层面	学校所在地行政级别	0.11***（0.03）	0.10***（0.03）
	学校所在地类型	0.11**（0.04）	0.11**（0.04）
	学校排名	0.17***（0.05）	0.16***（0.05）
随机效应	校间差异	0.10	0.10
	校内差异	0.46	0.46
	校间差异解释率	40.5%	42.1%
	校内差异解释率	18.4%	18.7%

注：括号内为标准误；* 表示 $p<0.1$，** 表示 $p<0.05$，*** 表示 $p<0.01$。

1. 家庭内父母参与

关于家庭内外的父母参与对学生认知能力的影响的研究结果表明，家庭内父母参与的不同维度对学生认知能力的影响不同，亲子日常沟通交流以及家庭文化活动陪伴对初中生的认知能力没有影响（见表3-3的模型2）。父母的生活陪伴对学生的认知能力的有显著的正向影响，并且父母的生活陪伴是影响学生认知能力的较为重要的变量之一。与既有研究结果相似，父母对孩子的学习督导反而会对学生的认知能力产生显著的消极影响，即父母参与孩子的学习活动越多，孩子的认知能力越差。Sun（1998）认为，可能正是因为孩子的成绩差，父母才给予孩子更多的学习指导。但赵延东和洪岩璧（2012）为了解决互为因果的关系而引入"孩子在学校的不良行为"这一工具变量，研究发现，父母对孩子的学习督导对学业成绩的负向影响效应仍然没有变化。另外，我们对学生的前期学业成绩进行控制，说明父母直接检查和指导学生的学习会对学生的认知能力产生负面的影响。

2. 家庭外父母参与

家庭外父母参与的两个自变量对学生认知能力的影响也存在差异，家长去学校开家长会对学生的认知能力发展并没有影响，这可能是因为家长会是学校统一要求的，而不是由家长或教师主动关心学生而发起的。家长与教师的沟通交流对学生的认知能力有显著的正向影响，沟通的频率每增加一个单位，学生的认知能力会显著提高 0.04，所以家长和教师双方的交流可以更好地帮助学生发展。反映代际闭合的两个自变量对学生认知能力的影响也不同，家长认识子女的朋友数量对学生的认知能力存在正向影响，并且在统计上显著。但家长认识子女朋友的家长数量对学生的认知能力没有显著影响，这与国内其他研究得出的家长与其他家长的熟识程度对中学生的学业成绩没有影响的结论一致。另外，有研究者认为家长与子女以及与教师的互动越频繁，就越能够将教育期望传递给子女，进而鼓励孩子在认知成绩和学业上取得成功（Goyette and Xie，1999）。本研究的分析结果表明，家长对孩子将来受教育水平的期望对孩子的认知能力没有显著影响，但家长对孩子学业成绩的期望和孩子自己对受教育水平的期望能显著正向影响学生的认知能力。

（二）家庭内外父母参与对不同年级初中生认知能力的影响

为了检验家庭内外父母参与对不同年级学生的认知能力的影响效应是否存在差异，我们通过分样本及 Z 检验的方法进行验证。表 3-4 是分样本分析的结果。根据校内差异和校间差异的解释率，我们可以推测，学生个体和家庭变量、家庭内外父母参与变量对九年级学生的认知能力的校内差异解释力度更大。

表 3-4　家长参与和代际闭合对不同年级初中生认知能力的影响效应

变量		七年级 模型1	七年级 模型2	九年级 模型1	九年级 模型2	Z检验
固定效应	截距项	0.05（0.03）	0.05（0.03）	0.05（0.03）	0.05（0.03）	
	性别	−0.16***（0.02）	−0.16***（0.02）	−0.17***（0.02）	−0.17***（0.02）	
	户口性质	−0.02（0.02）	−0.02（0.02）	−0.03（0.02）	−0.03（0.02）	
	是否独生	0.02（0.02）	0.02（0.02）	−0.05**（0.02）	−0.05**（0.02）	
	前期学业成绩	0.32***（0.02）	0.32***（0.02）	0.31***（0.02）	0.31***（0.02）	
	自我教育期望	0.01*（0.01）	0.01*（0.01）	0.00（0.01）	0.00（0.01）	0.691
	家庭经济水平	0.02（0.02）	0.02（0.02）	0.01（0.02）	0.01（0.02）	
	父母最高职业	0.00（0.00）	0.00（0.00）	0.01***（0.00）	0.01***（0.00）	
	父母最高受教育程度	0.02***（0.01）	0.02***（0.01）	0.02*（0.01）	0.02*（0.01）	
	父母的教育期望	0.01（0.01）	0.00（0.01）	0.00（0.01）	0.00（0.01）	0.887
	父母对成绩的期望	0.04***（0.01）	0.04***（0.01）	0.04***（0.01）	0.04***（0.01）	0.151
家庭内父母参与	家庭沟通		0.01（0.01）		0.01（0.01）	−0.456
	家庭文化活动陪伴		0.01（0.01）		0.01（0.01）	0.209
	家庭督导		−0.01（0.01）		−0.01（0.01）	−0.094
	家庭生活陪伴		0.02***（0.01）		0.02***（0.01）	−0.018

67

续表

变量		七年级 模型1	七年级 模型2	九年级 模型1	九年级 模型2	Z检验
家庭外父母参与	学校沟通		0.02** (0.01)		0.02*** (0.01)	−0.391
	参加家长会		0.01 (0.01)		0.01 (0.01)	0.313
	认识子女的朋友数量		0.03 (0.03)		0.05 (0.03)	−0.453
	认识子女朋友的家长数量		0.00 (0.01)		−0.02 (0.02)	0.729
学校层面	学校所在地行政级别	0.07** (0.03)	0.07* (0.03)	0.15*** (0.04)	0.14*** (0.04)	
	学校所在地类型	0.12*** (0.04)	0.12*** (0.04)	0.10** (0.05)	0.10** (0.05)	
	学校排名	0.17*** (0.05)	0.16*** (0.05)	0.16*** (0.05)	0.16*** (0.05)	
随机效应	校间差异	0.12	0.12	0.13	0.12	
	校内差异	0.46	0.46	0.41	0.41	
	校间差异解释率	31.8%	33.5%	40.1%	41.8%	
	校内差异解释率	18.1%	18.2%	20.2%	20.4%	

注：括号内为标准误；* 表示 $p<0.1$，** 表示 $p<0.05$，*** 表示 $p<0.01$。

1. 家庭内父母参与

表3-4 的研究结果表明，无论是对七年级学生还是九年级学生来说，家庭内父母参与中的家庭生活陪伴、家长与教师的交流沟通对学生的认知

能力有显著的正向促进作用，但家庭沟通、文化陪伴、家庭督导等变量对学生的认知能力没有显著的影响。Z 检验的结果表明，家庭内父母参与对七年级和九年级学生的影响效应存在显著的差异。

2. 家庭外父母参与

表 3-4 的研究结果表明，无论是对七年级学生还是九年级学生来说，家庭外父母参与中的家长与教师的交流沟通对学生的认知能力有显著的正向促进作用，但衡量家长会参与、代际闭合的两个变量——认识子女朋友数量和认识其他家长数量——无论是对七年级还是九年级学生的认知能力来说，都没有影响，并且 Z 检验的结果表明，除了家校沟通交流，其他的家庭外父母参与维度对七年级和九年级学生的认知能力的影响效应也不存在显著差异。

另外，虽然学生对自己受教育水平的期望对七年级学生的认知能力有显著的正向影响，对九年级学生的影响效应阙如，但学生对自己受教育水平的期望、家长对学生受教育水平和学业成绩的期望对不同年级学生认知能力的影响效应都没有显著差异。

三、研究结论和建议

（一）研究结论

本章采用中国教育追踪调查数据，以 28 个县市 112 所学校的将近 2 万名初中生为样本，分析家庭内外父母参与对初中生认知能力的影响，以此在中国教育背景下对科尔曼的社会资本理论进行验证，得到了以下研究结论。

第一，不同形式的家庭内父母参与对初中生认知能力的影响效应不同，其中父母生活陪伴将促进孩子的能力发展。

具体来说，父母的家庭生活陪伴能显著正向影响孩子的认知能力，父母的日常交流和文化陪伴对孩子没有影响，父母的学习督导反而对孩子的认知能力有显著的负向影响。虽然以往的一些研究表明父母与孩子讨论学校的事能显著提高孩子的学业成绩（Ho and Willims，1996），父母陪伴孩子读书或陪同参观博物馆等有助于提高孩子的学业成就（Grolnick and Slowiaczek，1994），但也有研究认为简单的交流和参与并不能帮助孩子取得优秀的成绩（高燕，2016）。这可能是因为家长能力有差异。在与孩子交流或陪同孩子读书、参观博物馆时，所用方法不得当的家长并不能给孩子提供有利的引导或帮助，所以对孩子没有影响。父母的学习督导甚至会对孩子的认知能力产生负向影响。虽然也有研究逆向推导因果关系，认为可能是因为孩子的学业成绩较差，父母才提供更多的学习督导（Sun，1998），但我们在研究时控制了孩子的前期学业成绩，所以可推知该假设并不成立。我们推测，家长检查或指导孩子学习需要掌握教育技能和辅导方法，某些家长虽然对子女学习的参与度很高，但是没有掌握教导方法，单纯依靠频次的增加反而可能占用孩子更多的学习时间，因此会对孩子的能力发展产生负面影响。

第二，不同形式的家庭外父母参与对初中生认知能力的影响效应不同，家长和教师的联系频率、父母认识子女的朋友数量能正向影响孩子的认知能力，但参加家长会、认识子女朋友的父母数量对孩子的认知能力没有影响。对其的一种可能的解释为，家长与教师间的网络连接有助于重要信息的流通，如家长通过与教师的交流了解孩子的学习内容，并在必要时对孩子的学习和其他行为进行适当的疏导（谢爱磊和洪岩璧，2017）；另外一种可能的解释是家长可以将自己通过老师获得的关于学校和学习的有用信息传递给子女（Goyette and Conchas，2002），这有助于孩子的学业发展。然而，国内的家长会可能更多是一种学校安排的教学任务，其形式为教师的单方面汇报，缺乏家长与教师之间关于学生的交流，故对学生的直接影响不大。家长认识子女的朋友数量能够提高学生的认知能力，其解释思路仍然可以从信息流通的角度出发,如家长通过与子女的朋友交流,能够获知子女的学习情况和内心的感受,可以在必要时对子女的不当行为进行干预。其他学生的家长对于自己子女的了解并不多,所以与其他家长的交往并不能直接作用于自己的孩子,但以往的研究也表明,家长参加家长会、与其他家长交流联系虽然不能直接作用于自家孩子的学业成绩,但能通过社会网络的建立,提高学生的升学机会(赵延东和洪岩璧,2012)。

本章的大部分结论与 Perna 和 Titus(2005)的研究结论相同,例如,家长主动与老师沟通、参加学校的志愿活动等都能显著增加孩子上大学的机会;再如,虽然父母和孩子的朋友的交流有显著的正向影响效应,但认识其他家长的数量等没有影响。因此,虽然西方国家和亚洲地区的社会文化背景有一定的差异,但任何地方的社会资本都会对学生产生影响,并且它们产生影响的机制相似。

第三,家庭内外父母参与对不同年级初中生的认知能力的影响效应没有差异。我们分析了社会资本对七年级和九年级学生认知能力的作用是否存在差异,发现家庭内外父母参与对不同年级初中生认知能力的影响效应在统计上不存在显著差异。但赵延东和洪岩璧(2012)发现,虽然父母督导、父母讨论学习频率、父母与其他家长的熟识程度对中小学生的学业成绩的影响效应没有显著差异,但家长与老师的联系频率对中学生的影响更大。总而言之,社会资本可能对不同学段的学生的影响不同,但对同一学段不同年级学生的影响效应没有差异。

(二)建议

我们基于本章的研究结果提出以下建议:

第一,家长需要主动参与,以此发挥社会资本的教育作用。父母对子女成长的关注、时间和精力的投入是学生成长过程中至关重要的社会资本。在 Coleman(1988)定义的社会资本中,家长参与和代际闭合有利于孩子的成长和发展，如父母对孩子的陪伴、与孩子老师的交流、与孩子朋友的交流等对孩子的认知能力有显著的提高作用。特别是对于父母受教育水平低、家庭条件差的孩子，如果家长不能给予孩子更好的教育资源，那么可以选择通过陪伴孩子、与孩子和孩子周围重要人物的互动更好地了解孩子，并将对孩子的学习期望传递给孩子，鼓励和帮助孩子在学业上取得成功。

第二，父母不仅需要"参与"，而且需要"会参与"。检查作业、指导功课等家长参与行为对学生认知能力的提高影响不大，甚至有负向影响。这可能并不是因为这些家长参与指标的作用不大，而是因为国内大部分家长的教育方法不当，家长参与的作用没有充分发挥，甚至还会阻碍学生的进步。所以家长在参与和与子女及其周围的重要人物交往时，不仅要关注"量"（频率），还要关注"质"（方法）；不仅要"参与"，还要"会参与"。为了充分发挥社会资本的作用，家长除了要花费时间和精力与孩子交流外，还需要学习与孩子的交流技能，掌握辅导方法。

第三，家校沟通质量的提高有助于家长参与作用的发挥。家长与学校教师的沟通交流等行为能够积极影响学生的认知能力。家长对学校事宜的积极参与能让学生意识到家长对其教育的重视程度，从而会规避不良表现并提升自己的能力。这种参与同时也能够促进学校和教师的自我反思，不断推动教育方法和教育观念的创新。在家校沟通的过程中，提升家长的主动参与度很重要，作为家校合作的主导方的学校和教师需要承担起向家长反馈学生行为和学业表现的责任，要重视家长参与的诉求，获得家长的支持，提升家长参与的主动性。通过家长和学校的共同努力，家校沟通将走向家校合作，同时发挥家长和学校教育的作用，促进学生发展。

第四章 情感投入——家庭教养方式对学生发展的影响

非货币性投入包含内隐的情感投入和外显的时间投入，本章重点关注情感投入中的家庭教养方式对学生发展的影响。

第一节 家庭教养方式的内涵[①]

不同研究领域关于养育方式的阐述略有不同。心理学领域（尤其是发展心理学）关注家庭教养方式，其中既包含父母的教养行为，也包含养育态度或理念。心理学研究中的教养方式多依据迈克比和马丁的研究，基于"回应"与"要求"将父母教养方式分为权威型、专制型、宽容型、忽视型（Mccoby and Martin，1983）。"回应"是指父母通过交流和支持的行为方式满足孩子的特定需要；"要求"则是指家长通过行为规范、对孩子的活动进行监督等方式满足孩子融入社会的需要（Baumrind，1991），相关的实证研究多聚焦于教养方式对学生心理特征、认知能力和非认知能力的影响。教育学更多聚焦于父母的养育行为或父母参与行为，Darling 和 Steinberg（1993）称之为教养行为，即父母与子女的日常交流、互动陪伴，以及参与子女的家庭外生活（如家校沟通、与子女的朋友交流）等，相关的实证

[①] 本节内容可结合导论部分综合理解。

研究多探究父母参与行为及其对学生学业成绩的影响（Epstein，1978；Ho and Willims，1996）。社会学研究较为复杂，或只关注养育行为，或只关注养育态度，或两者皆关注，相关的田野研究多聚焦于探讨养育观、教养方式的阶层差异（Lareau，2003，2011）。社会学研究一般认为家庭教养方式是指家长为了促进学生发展，向子女传递一系列相关的知识、策略、习惯和风格等信息。如Lareau（2003）指出：中产阶层倾向于采用对孩子的课外活动进行有规划、有组织的协作培养的教养方式，注重孩子对良好的社交能力、自我解决问题能力的系统性培养；而工人阶级则更多采用"顺其自然"、以命令的口吻与孩子交流、课外活动随意且无组织的自然成长教养方式。一些研究强调不同阶层天然存在的家庭教养方式的差异。教养方式既包括父母与子女交流和互动时的行为支持，也包括交流互动时的态度和情感氛围（Darling and Steinberg，1993）。

在不同文化背景下，父母养育子女的行为存在差异，不同家庭的养育氛围能够很好地用权威型、专制型、宽容型和忽视型这四种类型来概括。在儒家文化背景下，"要求"维度更贴近于管教，是父母养育子女的核心特征，本身蕴含了父母对子女行为、态度的约束和规范（Chao，1994）。以往无论是心理学还是社会学研究，对"回应"或"沟通"维度的构建都忽视了教育研究中更关注的是父母陪伴子女生活、指导孩子的功课和作业等参与行为。我们则采用"参与""要求"两个维度，纳入父母参与的各指标变量、父母对子女的监管变量进行分类，以此构建家庭教养方式类型（见表4-1）。

表4-1 家庭教养方式分类

参与（亲子交流、亲子陪伴、亲子监督）	要求（父母对子女学习、生活行为的管教）	
	不严格	严格
不频繁	忽视型	专制型
频繁	宽容型	权威型

第二节　家庭教养方式对学生发展的平均和异质性影响[①]

一、家庭教养方式的阶层差异

不同阶层家庭父母与子女的交流互动频率、父母参与的形式、教育投入程度和管教态度等都有显著的差异。如中产阶层家庭多采用协作培养模式，与子女的交流互动更多，父母的参与程度也更高，而工人或贫困阶层的父母则多采用单向命令式口吻（Lareau，2003），或者干脆将教育子女的责任交给学校等公共机构（黄超，2018）。这种阶层差异在暑假期间尤为突出：中产阶层的家长会花时间陪伴孩子，并且给子女报各种各样的辅导班、兴趣班，而工人或底层家庭的孩子则"随波逐流"，将大多数时间用在看电视和田野嬉戏上（Chin and Phillips，2004；Condron，2009）。

然而，我国工人或农民阶层的家长并非一味地将孩子的教育托付给学校，而是在有限的经济资源下，尽最大的努力为孩子创造良好的学习环境，如农村地区的学校尽管较少提供家校互动的途径，但农村地区的家长仍会通过与老师建立良好私人关系的办法，参与孩子的学校生活（谢爱磊，2016）。遗憾的是，父母并不总是能意识到诸如与孩子交流、陪伴孩子的日常生活等简单互动的好处，这种意识匮乏在发展中国家的农村地区尤为显著（Doepke and Fabrizio，2019）。此外，我国学者关于教养方式的阶层分化研究的结论也与西方学者的结论有区别。如洪岩璧和赵延东（2014）指出，虽然我国城市地区中产阶层父母对子女的资本投入显著高于工人或农民阶层的父母，但前者与工人或农民阶层的父母对子女的教养方式没有显著差异。

---

① 本节内容可结合导论部分综合理解。

我国家庭教养方式的阶层差异主要体现在父母对子女学习与生活的参与行为上，而非父母对子女的管教态度上。例如，黄超（2018）的研究表明，不同社会阶层的父母在教养方式上的差异主要体现在"沟通"维度（即亲子交流和沟通）上，而非体现在父母对子女学习和生活的要求是否严格上。当然，在分析家庭教养方式的阶层差异时，我们需要对不同阶层进行界定。我国学者多以职业地位对阶层进行分类，或者通过主成分分析方法，以职业地位、受教育年限、自评家庭经济地位和党员身份等信息合成家庭社会经济地位（socioeconomic status，简称SES）变量。但相关实证研究表明，我国家庭收入与家长的职业地位并不像西方国家那样关系密切（何瑞珠和卢乃桂，2009）。另外，我国存在典型的城乡二元经济结构，城乡之间的不平等尤为显著。因此，我们将分别探讨城乡、不同受教育水平、不同收入水平、不同职业家庭教养方式的差异。

二、家庭教养方式的平均和异质性影响效应

国外关于教养方式的影响效应研究多聚焦在学生的心理特征、问题行为上。例如，协作型教养方式有利于孩子形成权力感，在与他人的交流中显得更为自信，语言能力更为优秀（Lareau，2003）；自然成长型教养方式则会使孩子有一种局促感，在人际交流中显得更疏离或畏惧（Calarco，2011）；权威型教养方式下的孩子有更高的自尊心和自我效能感，有更强的独立性和社交能力，反社会行为更少，身心健康状况更好；专制型教养方式下的孩子虽然有较好的服从性，但自我的概念较弱（Baumrind，1991；Lamborn et al.，1991）。

国内关于家庭教养方式的影响效应分析多聚焦于探究其对学生心理特征、认知能力或非认知能力的影响，关于教养方式对学生学业表现的研究较少。还有文献指出，权威型教养方式对学生的社会适应能力、同伴关

系、意志力、自我意识等社会性发展面向有积极的影响（俞国良，1999），并且最有利于学生非认知能力（如自我效能、社会行为、交往能力、集体融入、教育期望等）的发展（黄超，2018），专制型或忽视型家庭的孩子则表现出更多的违纪、反社会行为，其中忽视型家庭最不利于学生各种非认知能力的发展（Wang，2014；Chen，et al.，1997；黄超，2018）。

以往中西方关于教养方式的影响效应的研究多聚焦于考察对学生各方面发展的平均效应，其中权威型教养方式在中西方背景下都呈现出更多的积极作用。然而，大部分研究忽视了阶层内部教养方式的差异，虽然对比不同阶层可以发现，弱势阶层家庭采用权威型教养方式的比例低于优势阶层，但在弱势阶层家庭中，权威型教养方式仍占比较高，故我们需要更深入地探究教养方式对不同学生群体的异质性影响。遗憾的是，目前几乎没有研究涉及教养方式对不同学生群体的异质性影响，仅有部分关注农村地区、流动儿童等的相关研究。这些结果表明，农村地区缺乏有效亲子互动的孩子在得到充分的陪伴和充足的玩耍后，他们的性格变得更加开朗，甚至智力发育水平也有明显提高（黄超，2018）。

三、研究问题提出

"直升机育儿""虎妈"等密集型、高强度型养育方式如今引起了广泛的讨论和关注，在这种养育方式下，父母不仅是孩子的保护者和监督者，还会深度介入孩子的教育生活。2012年，美国父母平均每周花费在子女身上的时间约为8.5小时（陪伴孩子玩耍、阅读、交流，辅导孩子功课等），比1976年增长了3.5倍。意大利父母2009年平均每周（8.5小时）的养育时间比1989年（3小时）增加了约2倍（Doepke and Fabrizio，2019）。如果不同阶层的家庭对子女的教养方式和参与行为存在差异，并且进一步将这种差异延续到对子女发展的影响上，则可能会因养育差异而陷入"养育陷阱",即在一国内部,收入不平等加剧导致养育方式的差异不断扩大,而不同的养育方式又进一步导致社会不平等程度加深(Doepke and Fabrizio,2019);高收入家庭可以通过经济资本、文化资本和社会资本的投入为子女购买和争取更多的校内外优质教育资源(李佳丽和何瑞珠,2019);相较于工人阶层或底层家庭,中产阶层家庭的父母更倾向于与子女以讨论和协商的方式进行交流和沟通,并且对子女有更多的要求(Lareau,2003;黄超,2018)。

上面的研究综述较为一致地证实了处于不同社会经济文化地位的家庭的家庭教养方式存在显著的差异,并且这些研究大多发现不同教养方式对学生发展存在显著影响。然而,关于教养方式对学生学业、心理健康、问题行为等的影响效应的研究,尤其是对不同阶层、不同区域学生群体的异质性影响效应的分析较少。

我们将分析不同教养方式对学生发展的平均影响效应,以及对不同学生群体的异质性影响,这样才能适切地回答养育方式的阶层分化是否会通过对不同阶层学生群体发展的异质性影响加剧教育和社会不平等。如果优势阶层家庭采用有益教养方式的概率更大,并且该有益教养方式对优势阶层学生学习、身心健康的积极影响也更大,便会加剧不同阶层的学生学习机会和发展结果的不平等,使养育差异通过教育结果向下一代传递,让社会不可避免地迈入"养育陷阱",造成社会流动性降低甚至社会固化。同时,考虑到中国的城乡二元结构,我们一并关注养育方式的阶层差异和城乡差异,深入探究我国目前的家庭养育方式是停留在养育差异层面,还是已经陷入了"养育陷阱"。

基于以上讨论,本章提出以下研究问题。

1. 家庭教养方式是否存在阶层和城乡差异?
2. 家庭教养方式对学生发展(如学业表现、心理健康以及问题行为)是否有影响?

3. 家庭教养方式对不同学生群体的发展是否存在异质性影响？

四、研究结果

本章使用 CEPS 2013—2014 年、2014—2015 年两期的追踪数据，学生的样本总量为 9449 个。我们使用的因变量为：第一，学生 2015 年的学业表现，由学生 2015 年的语文、数学、英语三科期中考试平均成绩和测量学生逻辑思维与问题解决能力的认知能力测试得分这两个指标构建；第二，学生 2015 年的心理健康状况，由测量学生焦虑和抑郁程度的十个题项取均值合成；第三，学生 2015 年的行为表现，由测量学生问题行为的十个题项取均值合成。我们的主要解释变量为家庭教养方式，依据"要求"和"参与"两个维度合成。"要求"维度包含父母在交友等八个方面对子女要求的严格程度，以均值为界转换为包含严格与不严格的二分变量。"参与"维度包含家长是否经常与孩子交流沟通、是否陪伴孩子的日常生活、是否指导孩子功课等 13 个方面的指标，以均值为界转换为包括参与频繁和参与不频繁的二分变量。最终我们根据"要求"和"参与"两个维度将教养方式分为四类，即要求不严格且参与不频繁为忽视型，要求不严格但参与频繁为宽容型，要求严格但参与不频繁为专制型，要求严格且参与频繁为权威型。其他控制变量包括个体、家庭、学校层面的变量，如性别、户口、是否独生、前期学业成绩、家庭经济水平、父母最高职业地位和受教育水平、学校所在地类型、学校排名等。

（一）不同家庭教养方式的分布和差异比较

我们采用皮尔逊卡方检验、F 检验和 t 检验等统计方法，分析不同家庭教养方式在不同家庭背景、城乡之间的分布，以及不同教养方式下的学生在学业表现、心理健康和问题行为等方面的差异。研究结果如表 4-2 所示。

表 4-2　家庭教养方式分布

家庭背景	分类	样本量	忽视型	宽容型	专制型	权威型	"参与"	"要求"
	全样本	9419	27.0%	14.4%	22.8%	35.8%	2.11	2.37
家庭经济水平	困难	1980	34.6%	9.5%	29.4%	26.5%	1.97	2.34
	一般	6867	25.2%	15.2%	21.6%	38.0%	2.14	2.38
	富裕	550	21.6%	22.2%	14.7%	41.5%	2.23	2.35
	卡方值/F值		236.11***				155.14***	9.43***
父母受教育程度	高中及以下	7527	29.7%	12.2%	24.6%	33.5%	2.07	2.37
	大专	687	17.5%	22.7%	15.9%	44.0%	2.27	2.39
	本科	1022	15.9%	22.9%	15.7%	45.5%	2.29	2.40
	研究生	167	12.0%	27.5%	13.8%	46.7%	2.34	2.39
	卡方值/F值		342.68***				138.20***	2.96*
父母职业地位	普通工农	6389	30.2%	11.8%	25.7%	32.3%	2.05	2.36
	一般技术人员	1235	22.3%	17.9%	17.3%	42.5%	2.21	2.39
	专业技术人员	209	21.1%	20.6%	14.4%	44.0%	2.25	2.37
	政府/公司领导	1538	18.2%	21.4%	16.9%	43.5%	2.26	2.39
	卡方值/F值		316.47***				139.19***	2.93*
户口	农业户口	4943	30.3%	11.6%	26.2%	31.9%	2.06	2.37
	非农户口	4476	23.3%	17.5%	19.1%	40.1%	2.17	2.38
	卡方值/F值		197.29***				13.78***	1.16
学校所在地类型	农村	3222	34.2%	11.0%	26.9%	27.8%	2.01	2.33
	城乡接合部/郊区	2450	24.3%	14.6%	20.7%	40.4%	2.15	2.40
	市中心	3222	22.6%	17.1%	20.7%	39.6%	2.18	2.39
	卡方值/F值		263.87***				166.63***	26.07***

注：第一，* 表示 $p<0.05$，** 表示 $p<0.01$，*** 表示 $p<0.001$。第二，不同群体的不同教养方式的百分比为皮尔逊卡方检验结果，"要求"和"参与"为 F 检验或 t 检验结果。

第四章　情感投入——家庭教养方式对学生发展的影响

在全样本中权威型家庭的比例最高（为35.84%），其次为忽视型家庭（27.0%），宽容型家庭的比例最低（为14.4%）。不同SES的家庭之间以及城乡之间的家庭教养方式存在显著差异。在家庭富裕、父母学历为本科和研究生、父母为专业技术和领导的家庭的样本中，权威型家庭的比例最高，均在41%以上，专制型家庭的比例最低（为13.8%—21.6%）。在父母为普通工人和农民、父母受教育水平为高中及以下的家庭中，权威型家庭的比例最高，但忽视型家庭的比例也较高，经济困难家庭中的忽视型教养方式的比例超过权威型，而宽容型家庭的比例最低，为9.5%—12.2%。在农村学校学生的样本中，忽视型教养方式的比例最高，在郊区和市中心学校学生的样本中，权威型家庭的比例最高。

我们通过对不同家庭教养方式的"参与"和"要求"维度在不同学生群体的差异进行比较发现，经济水平不同、父母学历不同、父母职业地位不同的家庭，父母在"参与"维度上有显著差异：经济水平更好的家庭，父母的参与程度更高；在父母学历为高中及以下并且其职业为普通工人和农民的家庭，父母的参与程度显著低于其他家庭。不同家庭背景、地区的父母在父母管教是否严格的"要求"维度上有显著差异，经济水平中等、父母学历为本科、父母职业为公司/政府领导的家庭，对学生的要求显著高于经济困难、父母学历为高中及以下、父母为普通工人和农民的家庭。不过，对于农业和非农业户口的家庭，以及城郊和市中心的家庭，父母对学生的管教要求没有显著差异。据此我们可以推断，不同阶层和城乡之间的家庭教养方式的差异主要体现在父母"参与"维度上，而非对学生的"要求"维度上。

（二）家庭教养方式的阶层和城乡差异

我们采用两水平多元Probit模型分析探讨家庭社会/经济/文化水平差异、城乡差异是否会影响父母对子女教养方式的选择。因为本章需要讨论学校所在地的城乡差异对家庭教养方式选择的影响，考虑到学生和学校之间的嵌套关系，又考虑到家庭教养方式是四分类变量，因此我们采用两水平多元 Probit 模型进行估计。估计结果如表 4-3 所示。

表 4-3　家庭教养方式的影响因素分析结果

效应	指标		忽视型 vs 权威型	忽视型 vs 专制型	忽视型 vs 宽容型	权威型 vs 宽容型	权威型 vs 专制型
固定效应	个体层面	前期学业成绩	0.01*** (0.002)	0.01*** (0.002)	0.01*** (0.003)	0.001 (0.003)	0.003 (0.002)
		女性	0.21*** (0.06)	0.13* (0.06)	0.09 (0.07)	−0.13 (0.07)	−0.08 (0.07)
		农业户口	−0.14* (0.06)	0.01 (0.06)	−0.07 (0.07)	0.07 (0.08)	0.16* (0.07)
		省内流动	0.06 (0.12)	0.19 (0.13)	−0.03 (0.13)	−0.09 (0.12)	0.13 (0.12)
		省间流动	0.13 (0.12)	0.14 (0.13)	−0.15 (0.16)	−0.28 (0.16)	0.02 (0.13)
		是否独生	0.05 (0.07)	−0.15* (0.07)	0.09 (0.09)	0.04 (0.08)	−0.20** (0.07)
		家庭经济水平	0.14* (0.06)	−0.07 (0.06)	0.25*** (0.08)	0.11 (0.07)	−0.21*** (0.06)
		一般技术人员	0.15 (0.10)	−0.06 (0.09)	0.13 (0.11)	−0.03 (0.11)	−0.21* (0.09)
		专业技术人员	0.15 (0.22)	−0.33 (0.25)	0.11 (0.24)	−0.04 (0.22)	−0.49* (0.23)
		政府/公司领导	0.34** (0.11)	0.08 (0.10)	0.38** (0.13)	0.04 (0.10)	−0.26* (0.10)
		父母受教育水平	0.21*** (0.06)	0.16** (0.05)	0.30*** (0.07)	0.10 (0.05)	−0.05 (0.06)
	学校层面	城乡类型	0.29** (0.09)	0.05 (0.05)	0.35*** (0.10)	0.07 (0.06)	−0.24** (0.08)
		学校排名	0.37*** (0.10)	0.09 (0.06)	0.31** (0.10)	−0.06 (0.07)	−0.28** (0.09)
		截距项	0.25*** (0.08)	−0.15*** (0.04)	−0.65*** (0.07)	−0.91*** (0.05)	−0.40*** (0.07)

续表

效应	指标	忽视型 vs 权威型	忽视型 vs 专制型	忽视型 vs 宽容型	权威型 vs 宽容型	权威型 vs 专制型
随机效应	方差成分	0.577***	0.121***	0.506***	0.107***	0.458***
	卡方值	736.09	231.05	430.91	203.41	567.81

注：第一，括号内为标准误；第二，* 表示 $p<0.05$，** 表示 $p<0.01$，*** 表示 $p<0.001$。

基于统计分析结果，我们通过两水平多元 Probit 模型进一步分析不同教养方式的影响因素，深入探究家庭教养方式是否存在阶层分化和城乡差异。经济水平、父母职业地位、父母受教育水平更高且位于城市地区的家庭，相较于忽视型教养方式更倾向于采用父母参与频繁的宽容型和权威型家庭教养方式。然而，家庭背景的区别对父母采用参与频繁但管教严厉程度不同的权威型和宽容型教养方式没有显著影响，即对两种教养方式的选择并不存在阶层和城乡差异。

（三）家庭教养方式的平均和异质性影响效应

我们采用 HLM 和调节效应方法，分析不同家庭教养方式对学生学业、心理和行为的平均影响效应，以及它们对不同学生群体的异质性影响效应，探究我国是否陷入了"养育陷阱"。我们的模型对学生个体层面、学校层面的其他变量进行了控制。研究结果如表 4-4 所示。

表 4-4　不同家庭教养方式对学生发展的平均影响效应

效应	指标		学业表现 模型1	心理健康 模型2	问题行为 模型3
固定效应	教养方式（忽视型为参照组）	宽容型	0.53（0.35）	−0.02（0.03）	−0.03*（0.016）
		专制型	0.31（0.36）	−0.06**（0.02）	−0.03（0.02）
		权威型	0.67*（0.33）	0.03（0.02）	−0.08***（0.01）
	其他控制变量		是	是	是
	截距项		66.18***（0.85）	3.82***（0.02）	1.55***（0.01）
随机效应	方差成分		82.290***	0.025***	0.017***
	卡方值		6078.39	501.00	763.69

注：第一，括号内为标准误；第二，*表示 $p<0.05$，**表示 $p<0.01$，***表示 $p<0.001$；第三，模型1中的其他控制变量与表4-3相同，且包括前期学业成绩，模型2和模型3中还包括前期心理健康。

1. 家庭教养方式对学生发展的平均影响

由 HLM 结果可知，相较于忽视型教养方式，权威型教养方式能显著正向预测学生的学业表现，并能显著负向预测学生的问题行为，换言之，采用权威型教养方式的家庭的学生的学业表现更优异，问题行为更少；采用对子女管教不严但参与频繁的宽容型教养方式的家庭的学生的问题行为显著更少；采用对子女管教严厉但缺乏参与的专制型教养方式的家庭的学生心理健康问题更严重。

2. 家庭教养方式对不同学生群体发展的异质性影响

我们通过在 HLM 中加入交互项的方式，分析教养方式对不同学生群体的异质性影响，研究结果（见表4-5）表明，宽容型、专制型、权威型教养方式对不同经济水平、父母职业地位、父母受教育水平的家庭的学生的学业表现、心理健康、问题行为等没有异质性影响，不同教养方式对城乡学校学生的学业发展影响也没有显著差异。这说明不同阶层家庭、地区的学生都能从权威型教养方式、宽容型教养方式中获益。

表 4-5 教养方式对不同学生群体发展的异质性影响效应分析结果

指标	交互项	*宽容型	*专制型	*权威型
学业表现	家庭经济水平	−0.43（0.73）	−0.17（0.65）	0.12（0.56）
	一般技术人员	−0.37（0.85）	0.57（1.01）	−0.14（0.61）
	专业技术人员	2.29（1.97）	−0.47（2.16）	−1.67（1.61）
	政府/公司领导	−0.30（0.83）	0.20（0.83）	−0.08（0.72）
	父母受教育程度	0.28（0.45）	−0.31（0.50）	0.22（0.41）
	城乡类型	0.47（0.43）	0.09（0.36）	−0.50（0.35）
心理健康	家庭经济水平	0.11（0.05）	−0.05（0.04）	−0.004（0.04）
	一般技术人员	0.12（0.06）	−0.06（0.07）	0.01（0.05）
	专业技术人员	0.19（0.10）	−0.05（0.10）	−0.06（0.11）
	政府/公司领导	0.03（0.07）	−0.13（0.08）	0.07（0.05）
	父母受教育程度	−0.03（0.04）	0.08（0.04）	−0.02（0.03）
	城乡类型	0.03（0.03）	−0.07（0.03）	0.02（0.02）
问题行为	家庭经济水平	−0.04（0.03）	0.01（0.02）	−0.02（0.02）
	一般技术人员	−0.02（0.04）	−0.002（0.03）	0.02（0.03）
	专业技术人员	0.01（0.08）	0.18（0.09）	0.01（0.07）
	政府/公司领导	0.03（0.04）	0.06（0.05）	−0.02（0.03）

续表

指标	交互项	*宽容型	*专制型	*权威型
问题行为	父母受教育程度	0.02 （0.02）	−0.04 （0.02）	−0.003 （0.01）
	城乡类型	−0.02 （0.02）	0.02 （0.02）	−0.01 （0.01）

注：第一，括号内为标准误；第二，* 表示 $p<0.05$，** 表示 $p<0.01$，*** 表示 $p<0.001$；第三，模型中的其他控制变量同表 4-3。

五、研究结论与讨论

本章基于 CEPS 在 2013—2014 年、2014—2015 年两期的追踪数据，分析了我国家庭教养方式的分布、阶层和城乡差异，以及家庭教养方式对学生学业表现、心理健康、问题行为的平均和异质性影响效应，探讨我国现阶段家庭教育是处于养育差异阶段还是已经陷入"养育陷阱"。研究结果如下所示。

第一，当前我国家庭对中学阶段子女的教养方式以父母要求严格、参与频繁的权威型教养方式为主，父母不严格要求且不频繁参与的忽视型教养方式紧随其后，父母不严格要求但频繁参与的宽容型教养方式所占比例最低。我们的结论与黄超（2018）以"沟通"和"要求"划分的家庭教养方式在中国的占比的研究结论不同，他指出当前我国家庭教养方式以沟通较少的专制型和忽视型为主。不同研究的结论出现分歧的主要原因是，黄超（2018）构建的教养方式中的"回应"维度仅包含了父母与子女之间的情感交流，而本章中所讨论的"参与"维度除亲子交流外，还包含父母对子女日常生活的陪伴、对子女学业的指导等行为。权威型家庭教养方式的占比最多，并且不同阶层、地区的家庭的教养方式差异主要体现在"参与"维度上，说明我国家长的纯管教式育儿的传统方式日渐式微，人们开始转向注重与子女交流沟通、强调生活和教育活动参与的陪伴式亲子教育（田丰和静永超，2018；杨可，2018）。

第二，家庭教养方式存在显著的阶层和城乡差异。在城市地区，家庭经济水平高、父母职业地位高、父母受教育水平高的家庭更倾向于采用权威型或宽容型教养方式。家庭越富裕，父母职业地位、受教育程度越高，父母越重视与孩子的情感交流和文化活动陪伴，亲子关系就越密切，对子女的要求也就越严格。之所以存在阶层和城乡差异，可能是因为不同父母面临的能力和时间方面的约束不同。例如，不同家庭背景的父母实施教养方式的能力不同，有些父母可能没有与子女进行交流沟通、参与子女教育和生活的软技能，必须依靠责罚和严厉呵斥等专制型方式来控制后者的行为。另外，农村地区或家庭经济条件差的父母可能会因需要长时间劳作、打多份工养家糊口而没有时间陪伴子女或参与子女的日常生活和教育活动。

第三，家庭教养方式对学生学业表现、心理健康以及问题行为有显著影响。具体来说，相对于忽视型教养方式的家庭，权威型家庭的学生学业表现更好；宽容型和权威型家庭的学生问题行为都更少；专制型家庭的学生表现出更严重的心理健康问题。教养方式中的"要求"维度反映了家长对子女的约束和管教，"参与"维度体现了父母与子女的交流、沟通与陪伴。宽容型家庭的孩子问题行为更少，专制型家庭的孩子心理健康问题更严重，说明如果对孩子过分约束，并且缺少交流和陪伴，孩子就有可能出现心理问题或逆反行为。

第四，我国还处于养育差异阶段，未完全陷入不可逆的"养育陷阱"。虽然家庭教养方式存在阶层分化、城乡差异等问题，且城市地区、优势阶层的家庭更有可能采用权威型或宽容型教养方式，对学生的学业表现和问题行为产生积极影响，但不同教养方式对不同学生群体各方面的发展不存在阶层和城乡等异质性影响，这说明经济困难、父母受教育水平低、父母职业地位不高、村郊的弱势阶层家庭完全可以通过增加与子女的交流沟通、提高陪伴子女的频率等方式，构建合理的教养途径，优化子女的学业发展、减少子女的心理和行为问题，缩小与优势阶层家庭的教育结果差异。

综上所述，囿于能力、经济和时间等客观条件的限制，弱势阶层家庭在家庭教养上存在诸多"有心无力"的情况。正是弱势阶层家庭构建权威型教养方式的"有心"，为我国能够全面推进和普及家庭教育与合理的家庭教养方式提供了指导，为通过减少养育差异而完全脱离"养育陷阱"奠定了基础。另外，面对弱势阶层和农村家庭父母的"无力"，政府、学校等也需要为解决家庭教养差异背后的不平等采取积极的干预措施，如积极推动家庭教育纳入基本公共服务体系、争取专门的经费支持、利用家庭养育指导手册进行宣传、为弱势阶层和农村地区家庭提供有针对性的养育支持计划等。

第五章　替代还是补充？——经济和时间投入作用的内在关系探究

第一节　研究问题的提出

科尔曼认为，嵌套于父母与子女生活和教育互动关系中的社会资本是经济资本、文化资本与子女成长的纽带，若没有代际互动关系的传递，子女很难从父母的经济资本和文化资本中获益（Coleman，1988；刘保中等，2015）。社会资本概念的核心——父母参与，如亲子交流、亲子陪伴、亲子活动、家校沟通等，则是典型的父母对子女的时间和精力投入，这种投入越多，子女就越有可能获得较高的学业成绩（赵延东和洪岩璧，2012）。家庭教育中的物质和金钱投入的典型代表是近年来热度很高的课外补习。课外补习遍布在社会和教育竞争日益激烈的环境中，无论是优势阶层还是弱势阶层的家庭，都被卷入课外补习消费中（林晓珊，2018）。然而，不同阶层家庭送子女参加课外补习的原因并不相同：弱势阶层家庭或迫于生活压力，将更多时间和精力投入工作中，不能参与子女的教育成长，因而将孩子送到校外培训机构，或因受教育水平低，既没有掌握合适的育儿方式，也没有能力指导孩子的学习，而将孩子送到培训机构；优势阶层家庭的父母除了重视对子女教育活动的参与外，还会为了提高子女的教育竞争优势，送子女参加课外补习（文军和李珊珊，2018）。当然，我们也不能排除优势阶层家庭的父母因工作繁忙，没有时间陪伴子女而选择送孩子去校外补习机构以弥补父母参与的缺失这一可能性。基于以上讨论，家庭教育物质投入——课外补习与家庭教育时间投入——父母参与可能存在以下关系：第一，课外补习是对父母参与的补充，父母参与的程度越高，学生参加课外补习的机会越多；第二，课外补习是对父母参与的替代，父母参与的程度越高，学生参加课外补习的机会越少。目前关于父母参与对子女是否参加课外补习的影响的研究并不多，既有研究发现，父母陪伴孩子的时间越长，亲子情感互动与交流越频繁，孩子获得校外教育消费支出的金额和机会就越多（林晓珊，2018）。

  既有研究较少讨论父母参与和课外补习对学生学业成绩的作用大小和联合作用机制，但有研究对家庭经济资本相关的物质、金钱投入和家庭社会资本相关的时间、精力投入的作用关系进行了比较。如丹麦的一项研究发现，家庭社会资本对子女教育获得的预测作用大于经济资本（Jæger and Holm，2007），而 Liu 和 Xie（2015）分析了子女认知能力（词汇能力）的影响因素，发现虽然家庭收入对子女的认知能力有显著的正向影响，但是家庭的非货币性教育资源投入，尤其是父母教育方式的影响更大。父母参与是家庭教育时间和精力投入的体现，父母参与程度虽然存在家庭社会经济地位的差异，但其是打开"寒门也能出贵子"黑箱的重要工具（李佳丽，2017），家庭教育物质和金钱投入的代表——课外补习虽然逐渐向弱势家庭学生普及，但高质量的课外补习仍然被优势家庭的学生更多地占有（李佳丽，2018）。故在讨论对学生学业成绩的影响因素时，关于父母参与和课外补习哪个的作用更大，以及父母参与和课外补习是以怎样的机制发生联合作用的（即对学生的学业成绩而言，父母参与和课外补习是替代还是互补关系）等问题值得我们进一步挖掘。如果父母参与和课外补习对学生学业成绩产生影响是一种替代关系，那么父母仅利用时间和精力投入或物质和金钱投入就能提高学生的学业成绩；而如果两者之间是一种互补关系，那么只有时间和精力与物质和金钱的同时投入才能对学生的学业成绩产生影响。只有了解两者的作用机制和相互关系，我们才能更好地引导家长合理地进行家庭教育投入，理性选择是否参加课外补习。

基于以上讨论，本章提出以下研究问题和分析框架（见图5-1）。

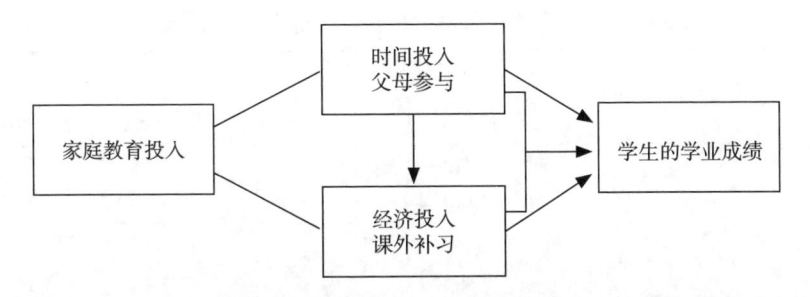

图5-1 父母参与、课外补习和学生的学业成绩关系分析框架

1. 课外补习如何补充父母参与的缺失，即父母参与越频繁是否意味着学生参加课外补习的概率越大？

2. 父母参与对学生学业成绩的影响是否大于课外补习？

3. 父母参与和课外补习对学生发展的影响是彼此削弱还是彼此增强？

第二节 研究结果

本研究使用CEPS两期追踪数据共9449名学生的样本。我们定义的因变量为学生2014年语文、数学、英语期中测试成绩和三科的平均成绩，控制变量包括学生个体层面、家庭层面和学校层面的变量，主要解释变量为父母参与和课外补习，其中，父母参与包括亲子督导、亲子交流、亲子陪伴、亲子活动和家校沟通，课外补习指2013年、2014年学生是否参加过语文/数学/英语等科目的课外补习。

一、父母参与和课外补习之间的关系

本部分采用 Logit 回归分析父母参与对学生参加课外补习概率的影响，分析父母为子女购买课外补习服务究竟是对父母参与行为的替代还是补充。具体分析结果如表 5-1 所示。

表 5-1 父母参与对学生是否参加课外补习的影响

变量		模型 1		模型 2	
		课外补习	exp	课外补习	exp
父母参与	亲子陪伴	0.10*** （0.02）	1.10	0.06** （0.02）	1.06
	亲子活动	0.23*** （0.02）	1.26	0.05** （0.02）	1.05
	亲子交流	0.26*** （0.05）	1.29	0.07 （0.05）	1.08
	亲子监督	0.11*** （0.02）	1.12	0.07*** （0.03）	1.08
	家校沟通	0.06** （0.03）	1.06	0.03 （0.03）	1.03
控制变量	性别			0.06 （0.06）	1.06
	户口性质			−0.23*** （0.06）	0.79
	是否独生			−0.25*** （0.06）	0.78
	学生能力			0.15*** （0.03）	1.16
	自我教育期望			0.05** （0.02）	1.05
	2013 年课外补习			1.51*** （0.05）	4.52
	家庭经济水平			0.18*** （0.06）	1.19
	父母最高受教育程度			0.11*** （0.03）	1.12

续表

变量		模型1		模型2	
		课外补习	exp	课外补习	exp
控制变量	父母教育期望			0.02 （0.02）	1.02
	父母对成绩的期望			0.10*** （0.04）	1.10
	学校所在地行政级别			0.24*** （0.03）	1.28
	学校所在地类型			0.13*** （0.04）	1.14
	学校排名			0.16*** （0.04）	1.17
常数项		−2.54*** （0.12）	0.08	−3.93*** （0.22）	0.02
调整后的 R^2		0.09		0.33	
样本量		8611		8611	

注：括号内为标准误；* 表示 $p<0.1$，** 表示 $p<0.05$，*** 表示 $p<0.01$。

从回归结果来看，在没有控制家庭背景和学校背景的情况下（模型1），父母参与的各维度指标都能显著影响学生参加课外补习的概率。如亲子陪伴、亲子活动、亲子交流、亲子监督、家校沟通的频率每提高一个单位，学生参加课外补习的概率分别显著提高10%、26%、29%、12%、6%。在控制了其他变量之后，只有亲子监督、亲子陪伴和亲子活动能显著正向影响学生参加课外补习的概率，而亲子交流和家校沟通对课外补习参与没有影响。基于回归结果我们可以推断，在某种程度上，送子女参加课外补习可以替代不需要过多沟通和交流技巧的日常生活陪伴和活动，如父母陪子女吃饭、读书、运动，检查与监督子女学习，陪子女参观博物馆等。但课外补习参与并不能替代需要家长付出情感以及要求具备一定交流技能的参与行为，如亲子交流和家校沟通等。

家庭的经济水平和父母的受教育程度都能显著正向影响学生参加课

外补习的概率，即家庭经济水平和父母受教育程度越高，学生参加课外补习的概率越大，这与以往大部分研究的结论相同。父母和学生本人对学生的教育期望越高，学生参加课外补习的机会越大，并且父母对学生当前的学业成绩的期望更能刺激学生参加课外补习。另外值得注意的是，基于CEPS调查数据的中学生样本得出的结论显示，学生能力越高，学生参加课外补习的概率越高，这预示着学生参加课外补习的目的可能是"培优"。此外，有前期补习经历的学生参加课外补习的概率更大，比没有参加过补习的学生参加课外补习的概率高352%。

二、父母参与、课外补习对学生学业成绩影响大小比较

本部分采用 OLS 逐步回归法和夏普里值分解法分析父母参与和课外补习对学生学业成绩的影响效应，探究父母参与和课外补习对学生学业成绩差异的解释力度，具体结果如表 5-2、表 5-3 所示。

表 5-2　父母参与、课外补习对学生学业成绩的影响

	变量	平均成绩 模型 3	平均成绩 模型 4	平均成绩 模型 5	语文成绩 模型 6	数学成绩 模型 7	英语成绩 模型 8
课外补习	2014年课外补习	2.83*** (0.33)	2.75*** (0.33)	6.64*** (1.46)	5.28*** (1.34)	7.53*** (2.22)	7.04*** (1.88)
	亲子陪伴		0.57*** (0.12)	0.47*** (0.15)	0.34** (0.14)	0.87*** (0.22)	0.16 (0.19)
	亲子活动		−0.18 (0.12)	0.03 (0.15)	0.25* (0.13)	−0.33 (0.22)	0.16 (0.19)
父母参与	亲子交流		1.87*** (0.28)	2.38*** (0.34)	1.62*** (0.31)	2.57*** (0.52)	2.95*** (0.44)
	亲子监督		−0.93*** (0.15)	−0.52*** (0.18)	0.03 (0.17)	−0.97*** (0.28)	−0.57** (0.24)
	家校沟通		0.41** (0.16)	0.01 (0.20)	0.23 (0.18)	−0.07 (0.30)	−0.12 (0.25)
交互项	2014年课外补习*亲子陪伴			0.25 (0.27)	0.22 (0.25)	0.14 (0.41)	0.43 (0.35)
	2014年课外补习*亲子活动			−0.54*** (0.24)	−0.48** (0.21)	−0.52 (0.36)	−0.62** (0.30)
	2014年课外补习*亲子交流			−1.43** (0.56)	−1.30** (0.51)	−1.56* (0.85)	−1.42** (0.72)
	2014年课外补习*亲子监督			−1.14*** (0.30)	−0.94*** (0.27)	−1.18*** (0.45)	−1.33*** (0.38)

续表

	变量	模型3	平均成绩 模型4	模型5	语文成绩 模型6	数学成绩 模型7	英语成绩 模型8
交互项	2014年课外补习*家校沟通			1.09*** (0.33)	0.65** (0.30)	1.56*** (0.50)	1.05** (0.43)
其他控制变量	女生	1.69*** (0.28)	1.59*** (0.29)	1.57*** (0.29)	3.31*** (0.26)	−3.10*** (0.26)	4.46*** (0.37)
	农业户口	1.59*** (0.32)	1.55*** (0.32)	1.50*** (0.32)	1.72*** (0.29)	2.51*** (0.49)	0.29 (0.41)
	是否独生	−1.74*** (0.32)	−1.60*** (0.32)	−1.58*** (0.31)	−0.42*** (0.29)	−1.81*** (0.48)	−2.48*** (0.41)
	前期学业成绩	11.63*** (0.17)	11.51*** (0.17)	11.51*** (0.17)	7.01*** (0.15)	14.80*** (0.26)	12.73*** (0.22)
	自我教育期望	0.71*** (0.09)	0.65*** (0.09)	0.65** (0.09)	0.45*** (0.09)	0.71*** (0.14)	0.79*** (0.12)
	2013年课外补习	0.20 (0.33)	0.17 (0.33)	0.17 (0.33)	0.07 (0.30)	−0.29 (0.49)	0.72* (0.42)
	家庭经济水平	2.00*** (0.29)	1.88*** (0.29)	1.82*** (0.29)	1.40*** (0.27)	1.72*** (0.44)	2.36*** (0.38)
	父母最高教育水平	1.22*** (0.14)	1.16*** (0.14)	1.18*** (0.14)	0.91*** (0.14)	1.47*** (0.22)	1.15*** (0.18)
	父母教育期望	0.39*** (0.09)	0.36*** (0.09)	0.35*** (0.09)	0.41*** (0.09)	0.44*** (0.14)	0.21* (0.12)

续表

变量		平均成绩 模型3	平均成绩 模型4	平均成绩 模型5	语文成绩 模型6	数学成绩 模型7	英语成绩 模型8
其他控制变量	父母对成绩的期望	1.31*** (0.19)	1.26*** (0.19)	1.24*** (0.18)	0.54*** (0.17)	1.38*** (0.28)	1.80*** (0.24)
	学校所在地行政级别	2.22*** (0.18)	2.22*** (0.18)	2.21*** (0.18)	0.38*** (0.17)	2.03*** (0.28)	4.23*** (0.23)
	学校所在地类型	0.61*** (0.20)	0.70*** (0.20)	0.69*** (0.20)	0.09 (0.18)	0.70*** (0.30)	1.29 (0.26)
	学校排名	4.07*** (0.19)	3.87*** (0.19)	3.87*** (0.19)	2.67*** (0.17)	4.25*** (0.29)	4.70 (0.24)
常数项		31.31*** (0.98)	28.24*** (1.08)	27.22*** (1.14)	39.73*** (1.04)	24.93*** (1.73)	16.97*** (1.47)
调整后的 R^2		0.573	0.578	0.580	0.403	0.460	0.552
ΔR^2			0.005***	0.002***			
样本量		8519	8514	8509	8508	8509	8500

注：括号内为标准误；*表示 $p<0.1$，**表示 $p<0.05$，***表示 $p<0.01$。

表 5-3 父母参与、课外补习对学生学业成绩影响的夏普里值分解

比较类型	指标		平均成绩 夏普里值	平均成绩 占比/%	语文成绩 夏普里值	语文成绩 占比/%	数学成绩 夏普里值	数学成绩 占比/%	英语成绩 夏普里值	英语成绩 占比/%
分指标比较	父母参与	亲子陪伴	0.0104	1.79	0.0080	1.99	0.0081	1.77	0.0088	1.60
		亲子活动	0.0059	1.02	0.0042	1.05	0.0027	0.59	0.0087	1.58
		亲子交流	0.0247	4.26	0.0196	4.86	0.0160	3.47	0.0246	4.47
		亲子监督	0.0025	0.43	0.0010	0.24	0.0029	0.64	0.0020	0.37
		家校沟通	0.0004	0.07	0.0005	0.13	0.0002	0.05	0.0005	0.09
	2014年课外补习		0.0286	4.94	0.0132	3.28	0.0217	4.70	0.0321	5.84
	其他控制变量		0.5074	87.51	0.3568	88.45	0.4095	88.79	0.4736	86.06
整体比较	父母参与		0.0386	6.66	0.0295	7.32	0.0272	5.89	0.0387	7.03
	2014年课外补习		0.0303	5.22	0.0143	3.54	0.0227	4.93	0.0339	6.16
	其他控制变量		0.5109	88.12	0.3595	89.14	0.4113	89.18	0.4777	86.80

注：控制变量与模型 4 中的一致。

本研究采用逐步回归法分析父母参与、课外补习及其联合作用对学生平均成绩的影响。研究结果（见表5-2）表明，参加课外补习的学生的平均成绩显著高于没有参加补习的学生，父母参与中的亲子陪伴、亲子交流和家校沟通的频率越高，学生的平均成绩越高，这说明亲子陪伴、亲子交流和家校沟通能显著提高学生的平均成绩，但亲子活动对学生的平均成绩没有影响，亲子监督对学生的平均成绩有显著的负向影响。另外，在衡量父母参与的各变量进入模型之后（模型4），R^2显著提高了0.005，增加了模型的解释力度。课外补习对学生平均成绩的影响从2.83（模型3）下降到2.75（模型4），这说明课外补习对平均成绩的影响可通过父母参与实现。为了进一步比较父母参与行为和课外补习对学生成绩的影响，本研究利用夏普里值分解法估计了每项父母参与和课外补习指标对学生学业成绩的解释力度（见表5-3），结果显示，父母参与的各项指标中的亲子交流对学生平均成绩和三科成绩差异的解释率最大，范围为3.47%—4.86%；其次为亲子陪伴，它对平均成绩和三科成绩差异的解释率范围为1.60%—1.99%；亲子监督和家校沟通的解释率最小。课外补习指标对平均成绩和三科成绩差异的解释率在3.28%到5.84%之间，高于父母参与中的任意单一参与行为对学生平均成绩、数学成绩和英语成绩差异的解释率，但小于亲子交流对语文成绩差异的解释率。整体来看，父母参与对平均成绩和三科成绩的整体解释率（6.66%，7.32%，5.89%，7.03%）都高于2014年课外补习（5.22%，3.54%，4.93%，6.16%）。综上所述，父母参与和课外补习对学生的平均成绩和三科成绩都有显著影响，而父母参与对学生学业成绩差异的整体解释力度更大。

三、父母参与、课外补习对学生学业成绩影响的联合作用机制

本部分在模型中加入父母参与各行为和课外补习的交互项，探讨父母参与和课外补习对学生学业成绩的联合作用机制。具体来讲，如果交互项

系数为正，即参加课外补习后，父母参与行为的影响增大，或者说随着父母参与行为影响的增大，参加课外补习的作用也增大，就说明父母参与和课外补习对学生学业成绩的影响相互促进，存在互补关系；如果交互项系数为负，即参加课外补习之后，父母参与的作用降低，或者说随着父母参与影响的增大，课外补习的作用降低，那么我们可以判断父母参与和课外补习的影响相互削弱，存在替代关系（赖德胜等，2012）。本研究的主要逻辑思路是参加课外补习后父母参与对学生学业成绩的影响会发生变化。研究结果如表5-2所示。

  加入交互项后，模型5的R^2上升到0.580，虽然只比模型4增加了0.002，但在统计上具有显著性，这说明交互项的引入提高了模型的解释力度。亲子活动、亲子交流和亲子监督与课外补习的交互项系数都在5%的水平上显著为负，说明对于参加课外补习的学生，亲子活动、亲子交流和亲子监督频率越高，学生的学业成绩越低。为了进一步验证上述结果，我们分别分析父母参与和课外补习对语文、数学、英语三科成绩的联合作用机制，我们发现，除亲子活动和课外补习的交互项对学生的数学成绩没有显著影响外，研究结果基本保持一致。亲子活动、亲子交流和亲子监督与课外补习之间存在显著的替代关系，对于参加课外补习的学生，亲子活动和亲子交流频率越高，学生的学业成绩越低，即参加课外补习会削弱亲子活动和亲子交流对学生学业成绩的正向影响效应，这同时也暗示亲子交流和亲子活动频率低的家庭的学生参加补习成绩会提高更多。然而，参加课外补习会增加亲子监督对学生学业成绩的负向影响的绝对值。另外，家校沟通和课外补习的交互项系数显著为正，即参加课外补习之后，家校沟通频率越高，学生的学业成绩越高，这说明课外补习和家校沟通对学生平均成绩的影响效应之间存在显著的互补关系。换言之，家校沟通频率越高的学生参加课外补习成绩会提高更多。总的来说，亲子交流、亲子活动和亲子监督对课外补习有替代作用，而家校沟通对课外补习有互补作用。

第三节 研究结论和建议

一、研究结论

本章采用 CEPS 调查数据，以 2013—2015 年追踪的 9449 名初中生为样本，分析父母参与、课外补习与学生学业成绩之间的关系，我们得出的研究结论如下。

第一，课外补习能补充或强化父母参与，如亲子陪伴、亲子活动、亲子监督等，对学生发展的显著影响，但课外补习不能弥补亲子交流和家校沟通的缺失。

亲子陪伴、亲子活动和亲子监督能正向预测学生参加课外补习的概率，即父母陪子女吃饭、读书、运动，父母和孩子一起参加科技馆、外出看比赛，父母给子女检查作业、指导功课的频率越高，学生参加课外补习的概率越大。此三类父母参与和课外补习是同进共退而非此消彼长的关系，这说明父母送子女参加课外补习可能是亲子陪伴、亲子活动和亲子监督行为的一种补充。亲子交流和家校沟通对学生是否参加课外补习没有影响，即课外补习并不能对亲子情感交流和父母与教师的沟通起到补充或替代作用。这说明父母选择送子女去参加课外补习可能并不是对因忙碌而无法参与子女生活的一种心理补偿，而是试图通过增加子女的受教育时间来弥补学校教育和家庭教育的不足，增加孩子的教育竞争力。林晓珊（2018）认为，父母的这种选择是父母之爱的一种体现：购买课外补习不是为了降低自己的时间成本，而是出于"购买希望"的不得已之举，但是许多父母忽视了与子女的情感互动和交流并不能由外在的物质和金钱投入所替代。

第二，父母参与对学生学业成绩差异的解释率大于课外补习，父母参与中的亲子交流对学生学业成绩的正向影响最大，尤其是对学生的语文成绩来说。

与以往的研究结论相同，本章研究发现父母参与中的亲子陪伴、亲子交流、家校沟通等行为对学生的学业成绩有显著的正向影响,其中亲子交流对学生学业成绩的影响最大(Pong et al.,2005;赵延东和洪岩璧,2012),尤其是对语文成绩来说。通过父母的时间和精力投入而形成的代际紧密联系是子女成长中最重要的社会资本。为子女的成长提供支持性社群有利于子女学习与生活信息的交流和传递,从而鼓励孩子更有效、更努力地学习(Coleman,1990)。然而,父母参与对子女学业成绩的影响机制仍然有待深入探讨。譬如我们发现,陪伴子女参观科技馆、博物馆以及观看电影等亲子活动对学生的学业成绩没有影响,父母检查作业、指导功课等直接干预孩子学习的亲子监督行为对学生的学业成绩有消极作用。这一结果与赵延东和洪岩璧(2012)的研究结论相似,可能是因为父母在指导子女学业过程中的教育技能和辅导方法并不得当,甚至容易在亲自指导的过程中将自己的负面情绪传递给子女,反而对其学业成绩有负面影响。课外补习对学生学业成绩也有正向影响,但父母参与对学生学业成绩差异的解释率高于课外补习,即父母参与对学生的影响要大于课外补习。

第三,从对学生的学业成绩产生影响方面来看,亲子交流、亲子活动和亲子监督大多与课外补习具有较强的替代关系,家校沟通与课外补习有较强的补充关系。

父母参与中的亲子交流、亲子活动和亲子监督与课外补习的交互项对学生学业成绩的影响都显著为负(亲子活动对数学成绩的影响除外),说明参加课外补习会削弱亲子交流、亲子活动和亲子监督对学生学业成绩的积极影响。对于参加课外补习的学生,亲子交流和亲子活动频率越高,学生的学业成绩越低。增加父母与子女的亲子交流和亲子活动频率可以替代课外补习对学生学业成绩的提高作用,换言之,对于亲子交流和亲子活动频率低的家庭,学生参加课外补习时成绩提高得更多。家校沟通和课外补习对学生发展的调节效应显著为正,说明学生参加课外补习和父母进行家校沟通能够彼此相互促进。重视亲子交流和亲子活动的家庭,送子女参加补习反而会削弱父母参与的积极影响；反之，没有时间和精力投入基于家庭的父母参与的家长选择送子女参加补习的效果可能会更好。总的来说，基于家庭的父母参与、父母对子女的直接陪伴和交流可以替代课外补习的作用（或者说课外补习可以替代基于家庭的父母参与），但父母通过教师对子女教育的间接参与则与课外补习的作用形成互补。课外补习是否可以被理解成父母通过购买补习服务对子女教育的一种间接参与，这值得后续的研究进一步探讨，但我们通过夏普里值分解法可知家校沟通对学生学业成绩差异的解释率最小。总体来看，课外补习虽然可以替代基于家庭的父母参与对学生学业成绩的影响，但并不能有效促进父母参与对学生学业成绩的正向作用，反而存在削弱其效果的可能性。

二、研究建议

本研究基于以上研究结论提出以下建议。

第一，改变固有观念，充分认识父母参与的重要性。虽然父母因担心自己教育不得当而将教育子女的任务交给学校和老师，甚至交给校外培训机构，但实证研究结果表明，父母参与行为，尤其是父母与子女之间的情感和生活交流，以及读书、活动等日常生活的陪伴，对子女的学业成绩的影响显著。所以，父母要充分认识父母参与对子女发展的重要作用，接受正确的教育观念，养成积极的父母参与行为。

第二，合理进行家庭教育投入。虽然父母送子女参加课外补习也能提高学生的学业成绩，但基于家庭的父母参与和课外补习同时开展会削弱彼此对学生学业成绩的积极影响。如果父母的时间和精力实在有限，那么课外补习不失为一个较好的选择，合理又高质量的课外补习虽然不能弥补父母参与的缺失，但能起到提高学生学业成绩的部分作用。然而，如果送子女参加课外补习的父母只是出于从众和攀比的心理，则不妨再做更合理的选择，因为增加亲子交流、亲子活动等行为可以替代家庭教育的物质和金钱投入，并且能够对子女的发展起到长远的积极影响。值得一提的是，家庭拥有的社会资本和文化资本受到政策冲击的影响较小，更容易"世袭"，并且对子女的教育有着隐蔽、持续的作用，其作用大于物质和金钱投入（郝煜，2013）。

第六章 谁更重要？——经济、情感和时间投入的作用比较

第一节 研究问题的提出

家庭教育投入中的父母参与等时间投入，以及养育氛围和家庭教养方式等情感投入，存在比经济投入作用更大的可能性。虽然不同阶层家庭购买校内外高质量教育服务和教育资源的能力不同（Bray et al.，2014；林晓珊，2018），但是不同阶层家庭的父母参与、家庭教养方式并没有明显差异（赵延东和洪岩璧，2012）。有研究指出，家庭的非货币性养育资源（如父母参与）对学生认知能力和学业成绩的影响要大于家庭货币性资源，如经济收入（Liu and Xie，2015）。家庭的社会资本如亲子交流、亲子陪伴等对子女的教育发展和获得的影响大于经济资本（Jæger and Holm，2007）。科尔曼认为，布迪厄文化资本中的身体化文化资本（如父母性情、养育方式、阅读习惯等）是一种"封闭性网络"，本书则倾向于认为上述教养方式、养育氛围等是没有直接花费在学生身上的情感投入。培养子女的阅读习惯和为子女购买书籍等行为的目的是为子女营造读书、学习的环境，更多代表了父母对子女的情感投入，这种情感投入需要通过父母与子女的密集交流和互动传递给子女，实现文化资源以及经济资本都无法实现的循环再生产

（Coleman，1988）。因此，相较于物质和金钱投入，父母的时间、情感投入可能是影响子女发展和教育获得的主因（姜添辉和周倩，2017）。非货币性资源可以通过亲子之间的交流互动内化于子女的习惯和人力资本存量，而这些内化后的认知和情感较少受到结构性环境因素的影响，因而对子女的发展、教育获得和教育公平的影响持久而稳定（刘精明，2008）。一旦父母参与子女的学习、生活和教育活动，营造适合学习、读书氛围的情感投入对子女教育获得的影响更大，底层家庭则可以通过改变自己的教育参与行为和情感投入行为，促成子女的教育流动。

需要指出的是，上文所提及的情感投入主要聚焦于家庭教养方式，但家庭教养方式的构建部分包含了父母参与中的情感交流维度，因此与父母参与等时间投入指标存在重合，并且量化分析时存在共线性问题，综上所述，本章在分析情感投入的作用时聚焦于父母养育氛围的营造。

基于以上文献综述，本章提出以下研究方向。

1. 不同阶层家庭教育的经济投入、时间投入和情感投入的现状及差异。我们聚焦于不同家庭背景（如家庭经济水平、父母教育水平、职业地位）的父母参与、养育氛围和课外补习现状。

2. 不同类型的家庭教育投入（如父母参与、养育氛围和课外补习等）对青少年学业成绩的影响效应及其作用大小。

3. 不同阶层家庭教育的父母参与、养育氛围和课外补习对子女学业成绩的影响。我们聚焦于它们对不同家庭背景学生发展的异质性影响。

第二节 研究结果

本章使用 CEPS 2013—2014 年、2014—2015 年两期的追踪数据，包含学生样本 9449 个。因变量为学生 2014 年语文、数学、英语三科的平均成绩。主要解释变量为父母参与、养育氛围和课外补习。其中，父母参与包括家庭内部的亲子陪伴、亲子活动、亲子交流、亲子督导和家庭外部的家校沟通、家长会、父母与其他家长交流等；养育氛围包括阅读习惯、书本量等；课外补习则包括工作日学业补习和周末学业补习。控制变量包括个体特征、家庭背景和学校特征等。个体特征包含个体的基本人口特征、前期学业成绩、家长和自我的教育期望、家长对学业成绩的期望等；家庭背景包含家庭经济水平、父母最高受教育程度和最高职业地位；学校特征包括学校所在地行政级别、学校所在地类型和学校排名等。

一、不同家庭背景学生群体的父母参与、养育氛围和课外补习状况比较

本部分采用卡方检验和 F 检验等描述性统计方法，分析不同家庭背景下的父母参与、养育氛围和课外补习的现状与差异。

由表6-1可知，优势阶层家庭，如经济水平高、父母职业地位高、父母受教育程度高的家庭，其子女的平均学业成绩显著优于弱势阶层家庭。例如，困难家庭、父母为工人、父母最高学历为高中及以下的青少年群体的语文、数学、英语三科的平均成绩显著低于富裕家庭、父母职业地位高、父母最高学历为研究生的青少年群体10分左右。

不同家庭背景在教育经济投入、时间投入和情感投入方面存在显著差异，中产及以上优势阶层家庭在家庭教育的父母参与、养育氛围和课外补习方面都显著高于贫困、父母为工人、父母最高学历为高中及以下的弱势阶层家庭。中产阶层家庭和优势阶层家庭则在家庭教育的父母参与、养育氛围的部分维度，如亲子陪伴、亲子交流、家校交流、家长会参与、与其他家长和青少年的交流等方面没有显著差异。此外，在亲子陪伴维度，高学历和低学历父母的参与作用没有显著差异。

家庭教育投入决策研究：经济、时间和情感

表6-1 不同家庭背景青少年群体的经济、时间、情感投入状况比较

<table>
<tr><th rowspan="2">指标</th><th colspan="4">家庭经济水平</th><th colspan="4">父母最高职业地位</th><th colspan="4">父母最高受教育程度</th></tr>
<tr><th>困难</th><th>中等</th><th>富裕</th><th>F值/卡方检验</th><th>工人</th><th>中产</th><th>上层</th><th>F值/卡方检验</th><th>高中</th><th>本科</th><th>研究生</th><th>F值/卡方检验</th></tr>
<tr><td>2014年三科平均成绩</td><td>58.24</td><td>66.40</td><td>68.11</td><td>F=144.5***</td><td>61.96</td><td>70.84</td><td>71.11</td><td>F=291.5***</td><td>62.38</td><td>74.44</td><td>72.45</td><td>F=224.1***</td></tr>
<tr><td>亲子陪伴</td><td>5.08</td><td>5.40</td><td>5.43</td><td>F=64.3***</td><td>5.28</td><td>5.43</td><td>5.48</td><td>F=26.6***</td><td>5.29</td><td>5.52</td><td>5.37</td><td>F=30.1***</td></tr>
<tr><td>亲子活动</td><td>2.38</td><td>3.11</td><td>3.64</td><td>F=279.2***</td><td>2.73</td><td>3.44</td><td>3.63</td><td>F=363.5***</td><td>2.81</td><td>3.65</td><td>4.10</td><td>F=317.8***</td></tr>
<tr><td>亲子交流</td><td>2.02</td><td>2.19</td><td>2.25</td><td>F=71.9***</td><td>2.10</td><td>2.27</td><td>2.29</td><td>F=104.5***</td><td>2.11</td><td>2.34</td><td>2.39</td><td>F=130.1***</td></tr>
<tr><td>亲子监督</td><td>0.68</td><td>0.95</td><td>1.03</td><td>F=65.3***</td><td>0.77</td><td>1.17</td><td>1.19</td><td>F=185.2***</td><td>0.80</td><td>1.26</td><td>1.49</td><td>F=183.7***</td></tr>
<tr><td>家校交流</td><td>2.14</td><td>2.23</td><td>2.42</td><td>F=22.2***</td><td>2.16</td><td>2.32</td><td>2.35</td><td>F=40.8***</td><td>2.18</td><td>2.38</td><td>2.44</td><td>F=41.5***</td></tr>
<tr><td>家长会</td><td>0.62</td><td>0.76</td><td>0.79</td><td>F=75.9***</td><td>0.69</td><td>0.82</td><td>0.83</td><td>F=98.0***</td><td>0.70</td><td>0.87</td><td>0.90</td><td>F=114.4***</td></tr>
<tr><td>校外交流</td><td>0.80</td><td>0.85</td><td>0.87</td><td>F=11.4***</td><td>0.83</td><td>0.85</td><td>0.88</td><td>F=7.7***</td><td>0.83</td><td>0.88</td><td>0.84</td><td>F=10.1***</td></tr>
<tr><td>书本量</td><td>1.43</td><td>2.21</td><td>2.59</td><td>F=446.6***</td><td>1.79</td><td>2.56</td><td>2.79</td><td>F=703.3***</td><td>1.87</td><td>2.85</td><td>3.23</td><td>F=662.5***</td></tr>
<tr><td>父母阅读</td><td>0.90</td><td>1.16</td><td>1.33</td><td>F=185.0***</td><td>0.99</td><td>1.35</td><td>1.42</td><td>F=490.7***</td><td>1.02</td><td>1.50</td><td>1.63</td><td>F=558.5***</td></tr>
<tr><td>工作日学业补习</td><td>0.17</td><td>0.26</td><td>0.30</td><td>卡方值=79.2***</td><td>0.20</td><td>0.29</td><td>0.34</td><td>卡方值=163.2***</td><td>0.21</td><td>0.35</td><td>0.42</td><td>卡方值=169.1***</td></tr>
<tr><td>周末学业补习</td><td>0.18</td><td>0.37</td><td>0.44</td><td>卡方值=270.8***</td><td>0.24</td><td>0.47</td><td>0.56</td><td>卡方值=719.3***</td><td>0.26</td><td>0.59</td><td>0.71</td><td>卡方值=763.7***</td></tr>
</table>

注：第一，工人阶层职业包括普通工人和农民；中产阶层职业包括一般技术人员、专业技术人员；上层包括政府及公司领导。第二，* 表示 $p<0.05$，** 表示 $p<0.01$，*** 表示 $p<0.001$。

二、不同家庭教育投入对青少年学业成绩的影响效应和作用大小比较

我们采用OLS回归分析不同家庭教育投入（如父母参与、养育氛围和课外补习）对青少年学业成绩的影响效应，并用夏普里值分解技术分析家庭教育经济投入、时间投入和情感投入对青少年学业成绩差异的影响大小。

模型1的回归结果（见表6-2）显示，工作日参加学业补习对青少年学业成绩有显著的负向影响，而周末学业补习对青少年学业成绩有显著的正向影响。书本量和父母阅读习惯对青少年的学业成绩有显著的正向影响，书本量越多、父母阅读频率越高，青少年的学业成绩就越好。家庭内部父母参与（如亲子陪伴、亲子交流）对青少年的学业成绩有显著的正向影响，参与频率越高，青少年的学业成绩越好；亲子监督对青少年的学业成绩有显著的负向影响。家庭外父母参与中的家长会、家长交流对青少年学业成绩没有影响，但家校沟通频率越高，青少年的学业成绩越差。

表6-2（a） 家庭教育投入对青少年成绩的平均和异质性影响效应（一）

指标		学业成绩			
		模型1	模型2	模型3	模型4
其他控制变量		已控制	已控制	已控制	已控制
家庭经济水平		1.61*** (0.30)	3.16 (1.69)	1.47*** (0.30)	1.48*** (0.30)
父母最高职业地位		0.49*** (0.15)	0.50*** (0.15)	3.56*** (0.02)	0.50*** (0.15)
父母最高受教育程度		0.96** (0.38)	1.07** (0.38)	1.38*** (0.39)	11.22** (2.43)
课外补习	工作日学业补习	−1.40*** (0.40)	−1.45 (0.93)	−1.50** (0.51)	−1.81*** (0.48)
	周末学业补习	1.92*** (0.39)	2.60*** (0.91)	2.36*** (0.49)	2.67*** (0.46)

续表

指标		学业成绩			
		模型1	模型2	模型3	模型4
养育氛围	书本量	0.68*** （0.15）	0.81*** （0.27）	0.82*** （0.17）	0.86*** （0.16）
	父母阅读	0.91*** （0.26）	0.79 （0.49）	0.87** （0.30）	1.05*** （0.28）
父母参与	亲子陪伴	0.43*** （0.13）	0.36 （0.23）	0.53*** （0.15）	0.46*** （0.14）
	亲子活动	0.06 （0.12）	0.13 （0.25）	0.05 （0.14）	0.04 （0.14）
	亲子交流	1.88*** （0.28）	2.43*** （0.55）	2.15*** （0.33）	2.02*** （0.31）
	亲子监督	−1.17*** （0.16）	−0.58 （0.33）	−0.94*** （0.19）	−0.98*** （0.18）
	家长会	0.09 （0.34）	0.75 （0.61）	0.55 （0.38）	0.54 （0.36）
	家校交流	−0.45*** （0.17）	−1.06*** （0.32）	−0.62** （0.19）	−0.58** （0.18）
	家长间交流	0.21 （0.35）	0.90 （0.69）	−0.19 （0.41）	−0.25 （0.39）
调整后的 R^2		0.586	0.587	0.588	0.590
ΔR^2			0.001**	0.003***	0.004***
N		8043	8032	8032	8032

注：括号内为标准误；* 表示 $p<0.05$，** 表示 $p<0.01$，*** 表示 $p<0.001$。

表6-2（b） 家庭教育投入对青少年成绩的平均和异质性影响效应（二）

	指标	*经济水平	*职业地位	*教育水平
交互作用	工作日学业补习	0.06 （0.90）	0.02 （0.32）	0.79 （0.75）
	周末学业补习	−0.77 （0.87）	−0.49 （0.31）	−2.38** （0.75）
	书本量	−0.18 （0.27）	−0.31* （0.13）	−1.10*** （0.33）
	父母阅读	0.12 （0.50）	−0.03 （0.23）	−1.04 （0.58）
	亲子陪伴	0.10 （0.25）	−0.21 （0.14）	−0.41 （0.35）
	亲子活动	−0.06 （0.25）	−0.01 （0.11）	−0.02 （0.28）
	亲子交流	−0.65 （0.57）	−0.37 （0.25）	−0.39 （0.60）
	亲子监督	−0.66* （0.32）	−0.25 （0.13）	−0.52 （0.30）
	家长会	−0.85 （0.64）	−1.05** （0.32）	−3.82** （0.91）
	家校交流	0.73* （0.33）	0.27 （0.15）	0.47 （0.37）
	家长间交流	−0.77 （0.69）	0.57 （0.31）	2.00** （0.74）
常数项		25.22*** （1.71）	25.40*** （1.21）	25.93*** （1.17）

注：括号内为标准误；*表示 $p<0.05$，**表示 $p<0.01$，***表示 $p<0.001$。

我们通过夏普里值分解技术对父母参与、养育氛围和课外补习对青少年学业成绩的作用大小进行比较（见表6-3），研究结果表明父母参与和养育氛围对青少年平均成绩的解释率都高于课外补习。其中，父母参与和养育氛围对青少年学业成绩差异的解释率分别为6.94%、6.10%，而课外补习对青少年学业成绩差异的解释率只有2.58%。分指标比较的结果显示，家庭内部社会资本（5.82%）对青少年学业成绩差异的解释率明显高于家庭外部社会资本（1.43%），其中亲子交流的影响最大，解释率为3.82%。书本量（4.31%）对青少年成绩差异的解释率高于父母阅读（2.53%）。周末学业补习（1.86%）对学业成绩差异的解释率高于工作日学业补习（0.38%），但前者明显小于亲子交流、书本量和父母阅读对青少年学业成绩的作用。

表6-3 家庭教育投入对青少年成绩影响的夏普里值分解

	指标	夏普里值	占比/%
总体比较	其他控制变量	0.496	84.37
	课外补习	0.015	2.58
	养育氛围	0.036	6.10
	父母参与	0.041	6.94
分指标比较	课外补习	0.013	2.24
	工作日学业补习	0.002	0.38
	周末学业补习	0.011	1.86
	养育氛围	0.040	6.84
	书本量	0.025	4.31
	父母阅读	0.015	2.53
	父母参与	0.042	7.25
	家庭内部社会资本	0.034	5.82
	亲子陪伴	0.006	0.97
	亲子活动	0.007	1.15
	亲子交流	0.022	3.82
	亲子监督	0.003	0.52
	家庭外部社会资本	0.008	1.43
	家长会参与	0.005	0.90
	家校交流	0.001	0.19
	校外家长间交流	0.002	0.33

注：本表中的控制变量与表6-2模型1中的控制变量一致。

三、家庭教育投入对不同家庭背景青少年学业成绩的异质性影响效应

我们通过加入家庭背景与社会资本、文化资本和影子教育各指标变量的交互项，分析家庭教育中的经济和时间投入对不同阶层家庭青少年的学业成绩的影响是否存在异质性。

模型 2 至模型 4 的交互项分析结果显示（见表 6-2），家庭教育投入部分指标对不同家庭背景青少年的学业成绩有显著的异质性影响。

在家庭经济水平方面，只有亲子监督和家校交流对不同经济水平家庭的青少年的学业成绩有显著的异质性影响。其中，亲子监督与家庭经济水平的交互项显著为负，说明亲子监督对青少年成绩的消极影响随家庭经济水平的降低而减少，即它对富裕家庭青少年成绩的消极影响更大，对困难家庭青少年成绩的消极影响更小；家校交流与家庭经济水平的交互项显著为正，表明家校交流对青少年成绩的积极影响随家庭经济水平的降低而减少，即学校交流对富裕家庭青少年成绩的积极影响更大，而对困难家庭的积极影响小，甚至可能出现负向影响。

在父母职业地位方面，书本量和家长会参与对父母不同职业地位的家庭的青少年的学业成绩有显著的异质性影响，且家庭书本量和家长会参与对青少年学业成绩的积极影响随着父母职业地位的降低而增加。

在父母受教育程度方面，周末学业补习、书本量、家长会参与、与其他家长和青少年的交流对父母不同受教育程度家庭的青少年的学业成绩有显著的异质性影响。其中，父母受教育程度与周末学业补习、书本量、家长会参与的交互项显著为负，与校外家长交流的交互项显著为正，这说明周末学业补习、书本量、参加家长会对父母学历为高中及以下的青少年的学业成绩的积极影响更大，而校外家长交流对父母学历较高的青少年的学业成绩的积极影响更大。

第三节　研究结论和讨论

本章利用 CEPS 2013—2014 年、2014—2015 年两期的追踪数据，基于教育投入与产出的视角，分析了家庭教育经济投入（如影子教育、文化资本）和时间投入（如社会资本）对青少年学业成绩的影响效应和作用大小，并探讨家庭教育投入的阶层差异，及其对不同家庭背景青少年的异质性影响效应。我们主要得出以下研究结论。

一、家庭对子女教育的经济、时间和情感投入存在阶层差异

相较于弱势阶层家庭，中产及以上阶层家庭的父母不仅会用更多的经济投入为子女购买校外教育服务和教育资源，还会投入更多的时间来陪伴子女。经济水平中等或富裕、父母受教育程度为本科及以上、父母职业地位在中层及以上的中产和优势阶层家庭在家庭教育经济投入和时间投入上都显著高于家庭经济困难、父母受教育水平为高中及以下、父母职业为工人和农民的弱势阶层家庭。

二、家庭教育的时间投入和情感投入是影响子女学业成绩的主因

相较于经济投入，家庭教育的时间投入、情感投入是影响子女学业成绩的更关键的因素。社会资本对青少年的成绩差异解释率最高，养育氛围次之，课外补习的解释率最低。家庭的社会资本，尤其是亲子交流和沟通等父母直接作用在子女身上的时间投入，对青少年学业成绩的积极影响最大，这彰显了父母参与的力量。养育氛围中的父母阅读也在青少年学业成绩提高的过程中扮演了重要的角色，此外，亲子交流和父母阅读等对青少年学业成绩有积极影响且作用最大的时间投入对不同家庭背景的青少年的学业成绩没有异质性影响，这说明弱势阶层家庭可以通过提高父母参与、

培养阅读习惯来消除家庭背景欠佳对青少年发展产生的消极影响（刘保中等，2015）。但是，父母参与中的父母检查作业、指导功课等亲子监督行为以及家校交流对青少年的学业成绩有显著的负向影响。赵延东和洪岩璧（2012）对相似的结论作出过解释，他们认为可能存在逆向因果关系，即对于学业上有困难的青少年，父母指导作业和功课、家长和教师交流的频率会更高。当然，也可能是父母在指导作业和功课时技能和方法不当，对青少年的学业成绩有消极影响。另外值得注意的是，影子教育对青少年发展的影响因时间安排不同而存在差异，工作日的学业补习会降低青少年的学业成绩；而周末参加学业补习会显著提高青少年的学业成绩。这是因为周一至周五的课外补习可能会给放学后仍然要持续学习的青少年带来学业负担，让他们过于疲惫，从而产生抵触心理，相应的注意力也不能集中，所以工作日的学业补习不仅不能提高青少年的学业成绩，还会产生消极影响。

三、家庭教育部分的时间投入对青少年学业成绩有异质性影响

在时间投入中，家庭外父母参与对青少年学业成绩的异质性影响最为明显，且对不同阶层家庭子女的影响存在较大差异。参加家长会对青少年学业成绩的消极影响随着父母职业地位和受教育程度的下降而下降，并且存在工人阶层、高中及以下学历的父母的家庭的青少年的学业成绩随家长会参与频率的提高而提高的可能性；而家长与教师交流和家长间交流对不同家庭背景的青少年学业成绩的积极影响，随着家庭经济水平和父母受教育程度的提高而提高。造成上述结果的可能原因是：第一，家长会更多是由学校统一组织，由教师面向所有家长分享和交流青少年的教育信息，而不涉及与家长的单独交流和沟通，这对于弱势阶层的家长来说是比较好的了解子女现状的途径，故弱势阶层家庭可能会从中获益。第二，何瑞珠

(1999)认为,在家校交流和家长间交流的过程中,家庭经济水平差、受教育程度低的父母可能缺乏自信,会逃避与教师和其他家长的见面交流。此外,可能存在"教育机构歧视论",即教育系统的阶层化意味着教师或多或少会对弱势阶层家庭的父母不那么友善,这就导致家长在与教师和其他家长交流时受挫,并且会将这种负面情绪传达给子女,阻碍其发展。周末课外补习和家庭书本量等经济投入对优势家庭青少年的学业成绩存在负向影响,对弱势阶层家庭青少年的学业成绩有正向影响。对此可能的解释是,存在某种边际影响,即最没有机会参加课外补习和购买更多书本的家庭的孩子一旦有机会获得,便会更加珍惜,因此能够从中获益更多。遗憾的是,周末课外补习机会和书本量都受家庭背景的约束,并不是弱势阶层家庭的理性投入选择。

最后,不同阶层家庭的父母要充分考虑经济、时间和情感投入的成本与收益,作出理性教育投入决策。弱势阶层家庭可以通过多陪伴子女、多与子女进行交流和沟通,或多购买书本、培养阅读习惯等方式积极影响子女的学业发展;而优势阶层家庭的父母除了可以通过亲子陪伴和交流的方式,还可以通过与教师和其他家长沟通交流的方式促进子女的发展。

第七章 不同家庭该如何作出教育投入决策
——经济、时间、情感投入的中介作用

第一节 家庭背景与学生发展：家庭教育投入的中介作用

一、家庭教育投入对全样本学生发展的中介效应

以往国内关于家庭教育投入的研究多聚焦在以下几个方面：第一，从狭义层面探究家庭教育货币性支出的现状、城乡和阶层等群体差异、相关影响因素及其对学生发展的影响。已有研究发现，不同家庭在子女教育支出水平上存在显著差异，低收入家庭、农村家庭的子女教育支出明显低于社会经济背景占优势的家庭，并且前者的教育支出的增幅也相对更低（魏易，2020）。父母的政治资本和职业权力对教育支出有显著的负向影响（丁小浩和翁秋怡，2015）。关于校外教育支出对学生发展的影响目前还没有统一的结论，大部分研究认为，课外辅导等校外教育投入对学生的学业成绩没有明显的提高作用，甚至还有负面影响，尤其是对于农村和非精英职业家庭的弱势学生群体（Zhang，2013）。校外教育投入可能对学生的认知能力有积极的影响（李佳丽和胡咏梅，2017），但存在"强者愈强，弱者愈弱"的马太效应，即家庭的校外教育支出对高分位点上的学生的认知能力

的促进作用更强，使本处于不利境地的学生更加不利，从而加剧教育结果的不均等（方超和黄斌，2020）。

一些研究从广义层面分析家庭教育货币性投入和非货币性投入的现状、群体差异、影响因素和影响效应。例如，刘保中（2017）的研究发现，城乡差异呈现出城市家庭"高教育期望＋高课外补习支出＋互动式参与"与农村家庭"高教育期望＋低课外补习支出＋单向式参与"两种不同的家庭教育投入模式。相较于非中产家庭，中产家庭在经济投入、家庭文化环境、课外补习、参加志愿活动等教育投入上的优势非常明显（刘保中，2017）。有研究者认为，相较于经济投入，父母情感投入、时间投入是影响学生认知能力、学业表现的主因，并进一步推断出时间投入可能是弱势阶层家庭帮助子女提高学业表现的主要途径（李佳丽和何瑞珠，2019），但这一结论并未得到实际验证。

最后一类研究，也是本研究关注的重点，即分析家庭教育投入是否能在家庭背景对学生发展和教育获得产生影响的过程中成为中介机制。李忠路和邱泽奇（2016）基于社会资本理论的实证研究给出了家庭背景对学生学业成就产生影响的两条路径：一是通过社会经济资源为子女提供有差异的教育机会，如不同质量的学校教育、市场教育服务；二是通过父母教育参与和行为支持，培养子女的学习态度和习惯。杨中超（2018）探讨了父母参与、学生自我教育期望对学生发展的中介作用，发现家庭背景对子女非认知能力的发展不仅有直接影响，还会介入父母参与提升子女的自我教育期望水平的过程，从而对子女产生间接影响，而这种间接影响更隐蔽、更持久。李志峰（2013）以课外补习、物质环境（课外辅导读物、工具书、电子产品）、家长参与（家庭教育氛围、教育期望、学业管理）等为中介变量探究家庭背景对学生学业成绩的影响机制，其研究结果显示，家庭背景通过中介变量对学生学业成绩的间接影响效应是直接影响效应的3倍，其中，家长参与的中介效应最大，课外补习的中介效应最小。

上述关于家庭教育投入的中介作用的探究存在以下几个问题。一是李忠路和邱泽奇（2016）的研究验证了家庭背景对学生发展产生影响的部分中介路径，但他们更重视学生个体的学习行为和对学校质量的感知，忽视了家庭教育期望、养育氛围等非直接参与的情感投入对学生发展的影响，然而教育期望被证明是家庭背景对学生发展或教育获得产生影响的重要中间机制。二是李志峰（2013）的研究虽然较为全面地探讨了家庭背景的影响路径，但并未对家庭教育过程进行较为合理的划分。例如，物质环境和课外补习都是家庭为子女购买的教育资源，应被归为经济投入。此外，相较于父母的直接教育参与行为，教育期望和养育氛围更偏向于父母为子女营造的学习环境，故应该归为间接的情感投入。三是李志峰（2013）和杨中超（2018）的研究都未对学生的期望能力进行控制，可能存在内生性以及高估家庭教育投入影响效应的可能性。四是以往研究较少涉及家庭教育投入对心理健康的影响。本研究力图较为全面且合理地构建家庭教育投入的各个维度，并在控制子女前期发展状况的基础上，探究家庭教育投入对子女学业表现和心理健康的影响。

二、家庭教育投入对不同学生群体发展的异质性中介作用：阶层差异

不同家庭因为父母的社会经济地位、受教育程度、职业的不同，拥有不同的禀赋、资本以及养育习惯，无论是先赋性因素还是自致性因素，都会影响子女的教育成就和教育获得。教育是子女冲破家庭背景藩篱，实现阶层跨越、社会流动的主要途径，但有关教育分层或教育代际流动相关研究发现，家庭背景制约了不同社会阶层家庭对子女的校内外受教育机会和教育资源的投入，可能会重塑社会不平等（刘保中，2018）。周皓（2013）的研究表明，教育期望、亲子交流在家庭背景对儿童发展的影响过程中有

显著的中介作用，但对不同类型儿童的影响途径并不相同：对非流动儿童而言，只有亲子交流会通过家庭社会经济地位间接影响儿童发展结果，而家长的教育期望对儿童发展却没有显著的作用；对流动儿童而言，家庭社会经济地位会通过教育期望间接影响儿童的发展，但其直接作用并不显著。李忠路和邱泽奇（2016）的研究也发现家庭背景对学生学业成就的影响路径和机制存在显著的城乡差异：城市学生更多依赖于家庭经济资源，而农村学生更多依赖于自身的学习行为，这意味着家庭非经济资源对农村学生来说更重要。余秀兰和韩燕（2018）的研究表明，虽然优势阶层有天然的文化资本优势，存在文化再生产现象，但是文化资本并没有明显的阶层区隔性与排他性，"寒门"学子可通过重要他人（significant others）或其他途径（如学校、老师、同学、书籍等）弥补家庭文化资本的不足，激发具有"寒门"特征的文化资本，从而获得学业成功。本研究将划分家庭教育投入的不同维度，进一步探究不同阶层家庭背景通过家庭教育投入对学生学业表现的间接影响是否存在差异。

三、研究问题的提出

基于以上讨论，本研究拟解决以下问题，图7-1为相应的研究框架。

1. 分析教育支出、时间投入、情感投入等不同家庭教育投入对子女学业表现的直接影响和中介作用。

2. 考虑到以往研究较少涉及家庭背景对子女心理健康的影响机制，而中学生心理健康和学业压力是当前"双减"政策关注的重点，过多的教育投入是否会给学生造成压力和负担也是研究者需要关注的问题，因此本研究尝试分析家庭教育投入对子女心理健康的直接和中介作用。

3. 分析不同阶层家庭背景对子女发展产生影响的路径差异，挖掘弱势阶层家庭通过家庭教育投入助力子女发展、实现阶层流动的路径。

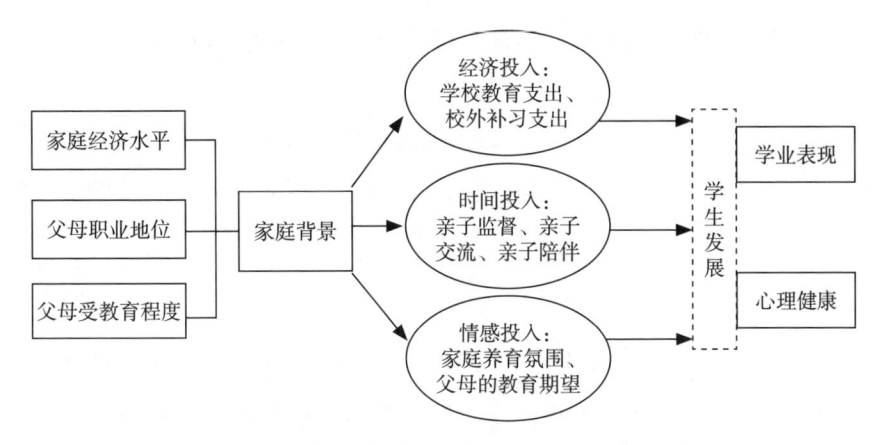

图 7-1 家庭教育投入对家庭背景影响学生发展的中介作用路径

第二节 研究结果

本研究使用 CEPS 的两期追踪数据，样本中的学生数量为 9449 名。研究中的变量主要从学生和家庭问卷中选取。被解释变量为第二期追踪调查中的学生学业表现和心理健康。主要解释变量为家庭的社会、经济、文化背景。关键中介变量为三类教育投入：经济投入包含基础性支出和扩展性支出；时间投入包含亲子陪伴、亲子交流和亲子监督；情感投入包含父母教育期望和家庭养育氛围。其他控制变量为性别、户口、是否独生、流动状况、前期学业成绩、前期心理健康、学校所在地行政级别、学校所在地类型和学校排名。

需要补充说明的是，因本研究需要利用全样本和分样本估计不同社会经济文化地位家庭的教育投入的中介作用，并且中介变量较多，故在上文呈现了整体的中介效应路径图，下文将只呈现直接和中介影响效应表格，不再详细勾画路径图。

一、家庭教育经济投入、时间投入、情感投入的差异比较

本部分采用方差分析、F 检验等描述性统计方法，分析不同家庭背景下的经济投入、时间投入、情感投入，以及学生学业表现和心理健康的现状与差异。

表 7-1 的研究结果显示，在经济投入方面，我国家庭平均每学期为初中生阶段的子女花费的学校基础性教育支出为 1161 元、扩展性教育支出为 1065 元。在时间投入方面，亲子监督和亲子陪伴的频率不高，父母一周大约辅导子女作业、指导子女功课 1—2 天；父母主动与孩子讨论学校发生事情的得分为 2.21；父母陪子女参观科技馆、观看演出大概每月不到 1 次。在情感投入方面，我国的父母对子女管教比较严格，并且对子女的教育期望较高，他们大都希望子女至少考上大专。

表 7-1 不同家庭背景学生的发展状况和家庭教育投入

指标	全样本	家庭背景差（弱势）	家庭背景介于两者之间（中等）	家庭背景好（优势）	F 检验
学业表现	66.22	60.83	65.96	72.43	364.52***
心理健康	3.82	3.75	3.83	3.88	17.51***
基础性教育支出	1161.61	1160.97	1239.95	1039.59	3.15*
扩展性教育支出	1064.63	361.57	746.30	2034.03	232.26***
亲子监督	1.90	1.67	1.85	2.18	229.04***
亲子交流	2.21	2.11	2.18	2.35	133.21***
亲子陪伴	3.35	2.96	3.28	3.80	687.98***
家庭养育氛围	2.27	2.25	2.26	2.30	10.24***
父母的教育期望	6.41	6.11	6.29	6.87	125.98***

注：第一，家庭背景优势、中等、弱势的三组样本的数量分别为 3144、2977、3059；第二，* 表示 $p<0.05$，** 表示 $p<0.01$，*** 表示 $p<0.001$。

不同阶层家庭在经济投入、时间投入和情感投入上存在显著差异。除

了基础性教育支出外，亲子监督、亲子陪伴、亲子交流等时间投入以及养育氛围、教育期望等情感投入，都呈现出优势阶层最高、弱势阶层最低的格局，即家庭社会经济文化背景越强势，各项家庭教育投入越多。

多重比较分析结果显示，优势阶层家庭反而在基础性教育支出上投入最少，中等阶层投入最多，弱势阶层家庭的学校基础性教育支出与中等和优势阶层家庭没有显著差异。至于在课外辅导班和兴趣班等扩展性教育支出方面的投入，优势阶层家庭显著高于中等阶层和弱势阶层家庭，前者的投入分别是后两个阶层家庭投入的 2.73 倍和 5.63 倍，而中等阶层扩展性教育支出也达到了弱势阶层的 2.1 倍。在家庭养育氛围方面，优势阶层家庭管教的严格程度显著高于中等阶层和弱势阶层，而弱势阶层与中等阶层则没有显著差异。

二、家庭教育经济投入、时间投入、情感投入的直接影响

利用 Bootstrap 法分析的直接影响结果显示（见表 7-2），不同家庭教育投入对学生发展的影响存在差异。对于货币性投入来说，校外辅导班和兴趣班等扩展性教育支出不仅不能提高学生的学业表现，还会对学生的心理健康产生消极的影响（$p<0.1$）；投入学校的基础性教育支出虽然对学生的心理健康有消极影响，但能提高学生的学业表现（$p<0.01$），并且它对不同阶层学生群体的影响效应趋势一致。父母对子女的时间投入更多体现在心理价值上，亲子监督、亲子交流、亲子陪伴等行为都会对子女的心理健康产生积极的影响（$p<0.01$）。其中，亲子交流行为不仅能提供心理和情绪价值，还对学生的学业表现有显著的正向影响，但亲子监督对所有阶层学生群体的学业表现都有负向影响。在情感投入中，严格的家庭养育氛围不仅不能提高学生的学业表现，还会给学生的心理健康带来消极影响（$p<0.01$），但父母的教育期望对学生的学业表现和心理健康都有积极影响。

表 7-2 不同家庭教育投入对学生发展的直接影响效应

分析样本	家庭教育投入指标	学业表现 非标准化系数	学业表现 标准化系数	心理健康 非标准化系数	心理健康 标准化系数
总样本	基础性教育支出	0.508*** (0.064)	0.075	−0.018*** (0.004)	−0.057
	扩展性教育支出	0.030 (0.059)	0.005	−0.007** (0.004)	−0.025
	亲子监督	−1.341*** (0.190)	−0.078	0.051*** (0.051)	0.063
	亲子交流	1.852*** (0.317)	0.063	0.090*** (0.019)	0.065
	亲子陪伴	0.082 (0.200)	0.005	0.059*** (0.012)	0.070
	家庭养育氛围	0.696 (0.447)	0.016	−0.057** (0.027)	−0.029
	父母教育期望	0.997*** (0.090)	0.115	0.014** (0.051)	0.034
家庭背景好（优势）	基础性教育支出	0.559*** (0.128)	0.066	−0.022** (0.007)	−0.065
	扩展性教育支出	−0.030 (0.067)	0.002	−0.016 (0.012)	−0.028
	亲子监督	−1.508*** (0.272)	−0.082	0.074*** (0.021)	0.084
	亲子交流	1.637** (0.509)	0.043	0.059 (0.032)	0.045
	亲子陪伴	−0.246 (0.331)	0.040	0.043** (0.021)	0.048
	家庭养育氛围	−0.068 (0.722)	0.059	−0.013 (0.045)	−0.007
	父母教育期望	0.723*** (0.150)	0.148	0.010 (0.008)	0.026

续表

分析样本	家庭教育投入指标	学业表现 非标准化系数	学业表现 标准化系数	心理健康 非标准化系数	心理健康 标准化系数
家庭背景介于两者之间（中等）	基础性教育支出	0.443***（0.089）	0.086	−0.014**（0.005）	−0.057
	扩展性教育支出	0.169（0.117）	0.025	−0.005（0.007）	−0.016
	亲子监督	−1.056**（0.348）	−0.061	0.026（0.021）	0.032
	亲子交流	2.671***（0.560）	0.094	0.143***（0.033）	0.106
	亲子陪伴	−0.564（0.347）	−0.032	0.058**（0.021）	0.069
	家庭养育氛围	−0.608（0.793）	−0.015	−0.018（0.047）	−0.009
	父母教育期望	0.858***（0.161）	0.099	−0.002（0.009）	−0.005
家庭背景差（弱势）	基础性教育支出	0.521***（0.133）	0.066	−0.022**（0.007）	−0.065
	扩展性教育支出	0.025（0.288）	0.002	−0.016（0.012）	−0.028
	亲子监督	−1.620***（0.380）	−0.082	0.074***（0.021）	0.084
	亲子交流	1.286**（0.581）	0.043	0.059（0.032）	0.045
	亲子陪伴	0.781**（0.372）	0.040	0.043**（0.021）	0.048
	家庭养育氛围	2.503**（0.811）	0.059	−0.013（0.045）	−0.007
	父母教育期望	1.256***（0.158）	0.148	0.010（0.008）	0.026

注：第一，总样本、不同家庭背景分样本的直接影响效应模型都控制了前期学业成绩/心理健康、个体、家庭、学校特征等变量；第二，* 表示 $p<0.05$，** 表示 $p<0.01$，*** 表示 $p<0.001$；第三，本研究利用全样本和分样本估计家庭教育投入的直接作用，涉及的变量较多。囿于篇幅，文中只呈现教育投入的影响。

不同阶层家庭教育投入对学生发展产生的影响存在差异。对于优势和中等阶层家庭，时间投入和情感投入中的亲子交流、父母教育期望能提高学生的学业表现，并且对学生的心理健康没有影响；亲子陪伴对学生的学业表现没有影响，但对学生的心理健康有益。对弱势阶层来说，除了非货币性的情感投入和时间投入对学生的学业发展有积极的影响，亲子陪伴和亲子监督对学生的心理健康也有益。

三、家庭教育经济投入、时间投入、情感投入的中介作用

本研究采用偏差校正的非参数百分位 Bootstrap 法，对家庭教育投入各指标在家庭社会经济文化背景对学生学业表现和心理健康的影响过程中是否存在中介效应进行检验。该方法允许我们进行多个并列中介变量检验，可检验所有路径变量共同发挥的中介作用大小以及每个中介作用的大小，并进行比较。我们基于第 2.5 百分位数和第 97.5 百分位数来估计 95% 的中介效应置信区间，该区间包含 0 说明中介效应显著，不包含 0 则说明不存在中介作用（陈瑞等，2013）。

我们使用 Bootstrap 法进行的中介效应检验结果显示，部分家庭教育投入指标除了对学生的学业表现和心理健康有直接影响，还构成了家庭社会经济文化背景影响学生发展的中介路径。全样本分析结果表明，基础性教育支出、亲子陪伴、父母教育期望等家庭教育投入除了对学生的学业表现有直接的正向影响，还在家庭背景对学生学业表现的影响过程中发挥了积极的中介作用，而亲子监督则存在消极的遮掩作用。所有时间投入维度的因素和父母教育期望在家庭背景对心理健康的影响过程中都发挥了积极的中介作用。

对不同阶层家庭而言，家庭教育投入对学生发展的中介作用存在差异。对优势阶层家庭来说，除了时间投入维度中家庭背景通过亲子监督对

子女的学业表现有显著的负向中介作用,以及通过亲子监督、亲子陪伴对子女的心理健康产生积极的中介作用外,只有父母教育期望在对学业表现和心理健康的影响过程中有显著的积极中介作用,亲子陪伴和养育氛围都没有中介作用。对中等阶层家庭来说,货币性支出中只有学校的基础性教育支出是家庭背景对学业表现产生影响的中介路径。在时间投入和情感投入中,除了亲子监督在对学业发展的影响过程中表现出消极的中介作用外,只有亲子交流在家庭背景对子女的学业发展和心理健康的影响过程中有显著的积极中介作用。对弱势阶层群体来说,家庭背景并不会通过货币性教育支出对子女的发展产生影响,反而会通过亲子交流和亲子陪伴对子女的学业表现产生积极的中介作用,并通过亲子陪伴对子女的心理健康产生积极的中介作用(见表7-3)。

表 7-3 不同家庭教育投入的中介效应

分析样本	家庭背景→学生发展的路径	标准化中介效应 学业表现	标准化中介效应 心理健康
总样本	基础性教育支出	0.043**	−0.002**
	扩展性教育支出	0.012	−0.003
	亲子监督	−0.133**	0.005**
	亲子交流	0.131**	0.007**
	亲子陪伴	0.018	0.013**
	家庭养育氛围	0.007	−0.001
	父母教育期望	0.168**	0.003**
	总中介效应	0.247**	0.022**
家庭背景好(优势)	基础性教育支出	−0.027	0.001
	扩展性教育支出	−0.014	−0.003
	亲子监督	−0.163**	0.006**
	亲子交流	0.079	0.004
	亲子陪伴	−0.060	0.018**

续表

分析样本	家庭背景→学生发展的路径	标准化中介效应 学业表现	标准化中介效应 心理健康
家庭背景好（优势）	家庭养育氛围	−0.001	−0.002
	父母教育期望	0.173**	0.011**
	总中介效应	−0.013	0.034**
家庭背景介于两者之间（中等）	基础性教育支出	0.272**	−0.008
	扩展性教育支出	0.137	−0.004
	亲子监督	−0.438**	0.011
	亲子交流	0.604**	0.029**
	亲子陪伴	−0.167	0.016
	家庭养育氛围	−0.041	−0.001
	父母教育期望	0.197	−0.001
	总中介效应	0.564**	0.043**
家庭背景差（弱势）	基础性教育支出	−0.043	0.001
	扩展性教育支出	0.001	−0.002
	亲子监督	−0.190	0.006
	亲子交流	0.211**	0.010
	亲子陪伴	0.259**	0.013**
	家庭养育氛围	−0.027	0.000
	父母教育期望	0.287	0.004
	总中介效应	0.499**	0.032**

注：第一，所有模型都控制了相关控制变量；第二，** 表示 $p<0.05$；第三，囿于篇幅，文中只呈现家庭教育投入的中介作用。

第三节　研究结论和讨论

本章采用偏差校正的非参数百分位 Bootstrap 法估计了不同家庭教育投入对学生发展的直接影响效应，探究了家庭教育投入在家庭背景和学生发展关系中的间接影响。研究结论如下。

第一，家庭的时间投入、情感投入、扩展性教育支出存在显著的阶层差异，并呈现出优势阶层家庭投入最高、弱势阶层家庭投入最低的局面。中等阶层的校内基础性教育支出投入最多，弱势阶层家庭和优势阶层家庭的投入较低且没有显著差异。上述发现说明弱势阶层家庭囿于经济资本、文化资本和社会资本等的占有量不足，在子女的教育投入方面整体来看居于明显的劣势地位。

第二，基础性教育支出对全样本和不同阶层家庭的学生的学业表现有积极影响，对他们的心理健康有消极影响，并且是中产阶层家庭背景对子女学业表现产生正向作用的中介路径；扩展性教育支出对全样本学生的学业表现没有显著影响，对他们的心理健康有消极影响。这些结果显示：基础性的学校教育投入可能会使部分学生，尤其是中等阶层家庭的学生在牺牲心理健康的代价下实现学业成绩的提高。中等阶层家庭的校内基础性教育支出在三类群体中是最高的，反映了该阶层家庭对子女教育投资的意愿强烈、力度大的特点，但是其效果远未达到预期。中等阶层家庭更应该将投入重点放在增加亲子交流频率、设置合理教育期望等方面。

第三，家庭通过提高经济投入来购买校外学习服务，并不是促进子女学业进步和心理健康发展的较好途径。事实上，盲目增加辅导班、兴趣班等扩展性教育支出不仅会给家庭造成较重的经济负担，也会因挤占学生的课外自由支配时间，给学生的身心健康带来不良影响。我们的研究结果为当前我国努力减轻义务教育阶段学生作业负担和校外培训负担的"双减"政策提供了实证依据。

第四，时间投入中的亲子交流，对全样本和不同阶层家庭的学生学业成绩和心理健康都有积极的影响，是所有阶层家庭想要通过父母参与行为实现教育目标，以及缓解学生因学业或其他压力而产生心理健康问题的有效方法。时间投入中的亲子监督虽然能缓解学生的心理健康问题，但对其学业成绩有显著的负向影响，这与赵延东和洪岩璧（2012）的研究结论一致。对中产及以上阶层而言，亲子监督在家庭背景影响学生学业成绩的过程中起遮掩作用，说明即使父母有较高的受教育程度和职业地位，过于频繁的监督行为以及此过程中可能存在的不专业的教育技能和指导方法也会对子女发展产生消极影响。对弱势阶层群体来说，亲子交流、亲子陪伴等时间投入不仅对学生的学业表现和心理健康有直接的积极影响，而且是家庭背景对学业表现和心理健康产生影响的中介路径。上述结果显示：虽然弱势群体家庭受限于家庭经济收入不高、个人实施家庭教育的能力有限和工作繁忙，导致家庭教育时间投入相对不足，但是弱势群体家庭的家长仍可以通过经常与孩子讨论学校发生的事情、与孩子一起参加各类活动等成本较低、对文化素养要求不那么高的行为，为子女提供发展支持。

  第五，在内隐的情感投入中，父母教育期望对所有阶层家庭的学生群体的学业表现都有显著的正向直接影响，家庭养育氛围只对弱势阶层家庭的学生群体的学业成绩有正向的直接影响。父母教育期望是优势阶层家庭背景影响子女学业成绩的中介路径，这可能是由于优势阶层家庭的父母拥有较高的受教育程度，父母的教育期望只有通过与子女保持较为频繁的交流与陪伴，社会资本才能得以有效传递。对于中等及以下阶层的家庭来说，教育期望和家庭养育氛围都不是家庭背景对学生发展产生影响的中介路径。这说明不受制于家庭背景的情感投入是中等及以下阶层的家庭对子女更有效的教育投资路径。中等及以下阶层家庭的父母出于对孩子的关心，对其抱有较高的教育期望并实施严格的管教，它们能作为一种外部动力和激励性的心理能量，发挥对处于自我认知和定向关键期的初中生子女的学业表现与心理健康的正向促进作用。

  综上所述，不同阶层家庭的家庭教育投入的理想决策路径存在明显的差异。对于优势阶层家庭，情感投入中的父母教育期望是家庭背景对子女学业和心理健康发展产生积极影响的重要中介路径；对于中产阶层家庭，货币性经济投入中的基础性教育支出、时间投入中的亲子交流是家庭背景对子女学业和心理健康发展产生积极影响的重要中介路径；对于弱势阶层家庭，时间投入中的亲子交流和亲子陪伴是家庭背景对子女的学业成绩和心理健康有正向预测作用的重要中介路径，也是弱势阶层家庭学生突破家庭背景藩篱，提高学业表现和增进心理健康，从而实现向社会上层流动的关键。

第八章 父母参与如何产生作用：教育期望差异和学生发展

第一节 "望子成龙""望女成凤"

自古以来，我国民间就有"望子成龙""望女成凤"的说法，这反映出父母普遍对孩子持有高教育期望。子女有好的学业成就、考上好的大学已经成为中国社会各个阶层父母对子女最普遍的期望。教育期望一般指对学生未来能获得的最高受教育程度的希望和期待（Yamamoto and Holloway, 2010），它是在对个体能力、以往的学术表现、个人理想和家庭情况进行衡量之后形成的，对学生未来的学业成就和教育获得都有重要的影响（Davis-Keen, 2005；Zhan and Sherraden, 2011；Jacob and Wilder, 2010；胡咏梅和杨素红，2010；钟宇平和陆根书，2006；庞维国等，2013）。与威斯康星理论模型相关的实证研究发现，父母教育期望是家庭背景对学生学业成就、教育获得产生影响的重要中介变量（Sewell and Hauser, 1980；王甫勤和时怡雯，2014；李佳丽等，2016），与重要他人、职业期望等社会心理变量相加，能够解释28%—52%的教育获得差异。此外，有研究者认为，部分经济状况较差的家庭对子女教育的期望和关注是子女选择上学或辍学的重要影响因素（安雪慧，2005），而低收入家庭的父母对子女抱有较高的教育期望也是其子女取得学业成就、实现阶层向上流动的重要途径之一（De Civita et al.，2004）。

国内学者关于教育期望的研究并不像国外那样更多聚焦于对威斯康星理论的验证，而是关注以下三个方面：第一，教育期望的阶层分化研究，如研究家庭背景和学校特征对教育期望的影响或不同阶层家庭教育期望的特征（杨春华，2006；刘保中等，2015；吴愈晓和黄超，2016；张云亮，2018；刘浩，2018）；第二，教育期望对学生学业成就和教育获得的直接影响研究（安雪慧，2005；钟宇平和陆根书，2006；庞维国等，2013；王甫勤和时怡雯，2014；方晨晨，2018）；第三，教育期望在家庭背景对学生学业成就和教育获得影响过程中的中介作用研究（李佳丽等，2016；杨中超，2018；王烨晖等，2018）。关于教育期望阶层分化的研究结论较为一致：家庭背景越好（庞维国，2013）或家庭阶层地位越高（吴愈晓和黄超，2016），父母对子女的教育期望越高。关于教育期望对学业成就和教育获得影响的实证研究虽然丰富，但它们更多地聚焦于父母的教育期望，忽视了学生的自我教育期望在家庭社会资本传递过程中的重要作用，因而对相关理论的解读和回应并不充分。这些研究具体存在以下不足：第一，忽视了学生自我教育期望的作用。虽然父母的教育期望直接决定其对子女的教育参与程度，是家庭影响子女学业成就和教育获得的重要因素（Seginer，1983，Sewell et al.，2003），但经典的威斯康星理论模型及围绕该理论展开的实证研究都因过于强调家庭社会化和父母教育期望对教育获得的影响而低估了学生自身的能动性（Smith，1982）。父母教育期望对子女的影响并不是直接而单一的，而是需要通过与子女的互动和交流，将教育期望传递给子女，影响和改变子女的教育期望，进而影响子女的发展（杨中超，2018）。第二，忽视父母教育期望与子女教育期望的一致和差异对学生发展的影响不同。科尔曼的社会资本理论因其关注家庭内部社会关系网络对学生学业的重要影响而在教育学研究领域获得关注，但跟随其研究路径的大部分学者聚焦于探讨父母参与对学生学业成就的影响,而忽视了科尔曼在其论述中强调参与者之间要形成一致的期望、共同的行为准则,这样才能实现社会资本的积极影响(Coleman,1988)。Bozick等(2010)认为,个体在社会化的过程中,如果重要他人的支持与个体的期望相符,则会激励其对信息的接收,强化实现教育期望的动机和行为;如果重要他人的支持与个体期望相悖,则个体接收到的信息、实现教育期望的动机和行为就会被削弱。更重要的是,当父母和子女达成一致的教育期望和行为准则时,自然会形成一种家庭内部社会资本,从而通过双方更频繁、积极的交流和有益于学习的行为互动,对子女的学业表现产生积极的影响(Coleman,1988;Hao and Bonstead-bruns,1998)。换言之,只有父母和子女的教育期望、行为达成一致才能保证社会资本的有效传递,实现父母"望子成龙"的心愿。但如果父母与子女的教育期望不一致,则存在父母的教育期望不能转化为提升子女学业成就的外部动力,反而会增加其沦为"痴心妄想"的可能性(Macher et al., 2012)。

第二节 理论基础和问题提出

一、教育期望与学生学业成就的关系:从威斯康星理论到社会认知理论

威斯康星理论模型是对地位获得模型中间影响路径(作用机制)探究的延伸,其主要贡献是在家庭背景和教育获得的关系之间放入父母教育期望、智力、父母对大学计划的鼓励、个体职业期望、重要他人的鼓励等社会心理因素,探究家庭背景影响学生教育获得的中间作用机制(Sewell and Shah, 1968; Sewell et al., 2003)。尽管威斯康星理论模型在后续研究中不断地被修正和拓展,但重要他人(尤其是父母)的教育期望变量一直是该模型中影响教育获得的重要中介变量,并且相关的研究结论基本一致,即

家庭社会经济地位越高，父母对学生的期望越高，学生最终的学业成就以及升入大学的概率也越高，这个结论在不同的国家，如美国、加拿大、巴西、以色列、日本和中国等，都得到了实证验证（Campbell，1983；Sewell and Hauser，1980；Davis-Keen，2005；Zhan and Sherraden，2011；Andres et al.，2007；王甫勤和时怡雯，2014；李佳丽等，2016）。

无论是对威斯康星理论模型的构建，还是围绕着威斯康星理论探讨教育期望对学生学业成就影响的相关实证研究，研究者大多聚焦于重要他人，尤其是父母教育期望对学生教育获得的影响，而忽略了个人教育期望的作用。Bandura（1997）提出的社会认知理论认为，个体的知识获得受外部的社会环境、个体心理和行为三要素相互作用的影响。青少年时期是个体认知、情绪和社会性发展的关键时期，对自我角色和未来可能性的期待是这一时期最显著的特征（Erikson，1994），个体会对"想要成为的自我"和"害怕成为的自我"进行定位，其中积极的"想要成为的自我"会帮助个体建立期望导向的行为，譬如会更努力、花更多时间做作业（Markus and Nurius，1986）。所以，中学生的自我期望或目标对其学业成功有积极的影响。Zimmerman和Bandura（1992）在社会认知理论的基础上，构建了以个人目标、自我效能感为中介的自我激励模型，探究父母目标、自我目标和自我效能感对学生学业成绩的影响。他们经过研究发现，除了自我效能感的重要影响外，父母目标需要通过影响学生的自我目标才能对学生的学业成绩产生间接影响，而父母和子女的目标本质上是根据子女的学习情况制定的教育期望。所以，学生的自我教育期望在其学业表现和教育获得方面可能会起到关键性作用。

国内探讨学生的自我教育期望对其学业表现影响的研究较少。其中，王甫勤和时怡雯（2014）以及李佳丽等（2016）都探究了家庭背景、父母教育期望、子女教育期望与学生的入学机会、学业成绩之间的关系，但这两项研究并没有对学生的前期学业成绩进行控制，存在高估父母和子女的教育期望影响的可能性。虽然杨中超（2018）的研究控制了学生的前期学业成绩，但该研究更多关注子女教育期望对学生认知能力和学校适应性等非学业表现的中介作用，并未就父母教育期望和子女教育期望的关系及作用路径展开讨论，并且该研究发现家庭背景不能通过影响子女教育期望对学生的认知能力产生影响，这与国内外多数研究结论相悖。

二、父母与子女教育期望的异同对学生学业的影响：社会资本理论

　　古德曼（Goodman）等研究发现，父母教育期望对学生发展的影响过程主要通过以下两种途径实现：第一，高教育期望影响父母的教育投入，包括增加课外教育投入（如教育补习）、提供良好的物质条件以及投入更多的养育时间与精力；第二，价值观和偏好的代际传递，父母的期望和观念通过家庭社会化过程影响子女的价值观念和行为态度，子女能够获知父母的高教育期望，从而形成一种激励性的心理能量，重视并发展自身学业（Goodman and Gregg, 2010）。无论是前一途径中的经济和时间投入，还是后一途径中父母教育期望和观念的传递，其着力点都在学生个体身上。事实上，只有父母和子女的教育期望保持一致，才能实现家庭社会化过程中价值观在代际的有效传递（Smith, 1982；Kerckhoff, 1989）。然而，无论是威斯康星模型还是相应的实证研究，都没有深入探究父母和子女教育期望的一致性与差异对学生学业成就的影响是否存在区别，以及这种区别化的影响是通过什么方式产生的。

　　父母和子女的教育期望达成一致并作用于学生发展的重要决定因素在于家长参与行为，譬如为子女提供良好的行为示范、与子女交流、表扬和鼓励子女等。家长参与中父母与子女之间的交流和互动是一种典型的家庭内部社会资本。科尔曼社会资本理论强调代际闭合（即社会网络的封闭作用），它主要指代际交流、家长间的交往、家长和学校间的沟通等（赵

延东和洪岩璧，2012），科尔曼认为，紧密的社会网络有助于参与者之间产生一致的期望、共同的行为准则和义务，这些无形的社会资本可以规范参与者的行为，拓宽其信息渠道，提供相应的支持，促进共同目标的实现（Coleman，1988）。我们基于社会资本理论，从以下四个方面解释父母与子女教育期望的异同与子女学业成就的关系。

第一，父母会将自己的期望、价值和态度内化到对待子女的行为模式中。频繁的交流和沟通有助于加强亲子间的纽带，促使亲子双方在教育期望、教育观念和行为准则上达成一致（Coleman，1990；Wright et al.，2001）。

第二，父母与子女一致的教育期望和行为准则本身就是一种重要的社会资本，一致的教育期望和行为准则会激励双方规范与学业有关的行为，对子女的学业成绩和教育获得产生正面的影响（Coleman，1988；Hao and Bonstead-bruns,1998；Kim and Schneider，2005；相楠和赵永佳，2018）。相关研究发现，父母和子女一致或相匹配的教育期望能够显著正向预测学生的学业成绩（Hao and Bonstead-bruns，1998）和大学教育获得（Kim and Schneider，2005）。我国学者王甫勤和时怡雯（2014）采用在模型中加入父母和子女教育期望交互项的方式，分析子女教育期望对父母教育期望影响效应的调节作用，研究发现，当父母与个人的期望一致时，子女最终获得大学教育机会的概率比双方期望不一致时的概率高得多的结论。相楠和赵永佳（2018）则利用对香港地区的学生样本的研究，将父母和子女教育期望分为四种匹配类型：高教育期望匹配型、低教育期望匹配型、家长高期望型、子女高期望型。他们最终得出低教育期望匹配型和父母期望更高型对学生学业成绩产生的影响显著低于高匹配型的结论。虽然父母与子女教育期望保持一致应该是对子女学业表现有益的社会资本，因为不论是一致高还是一致低，两代人对学生的未来达成了共识，但针对香港地区学生的研究结果说明，只有一致高的教育期望才能对子女的表现产生积极的影响。

第三，对父母来说，一致的教育期望激励父母提供更多的经济资源投入、时间投入和情感投入来帮助子女实现教育目标（Hao and Bonstead-Bruns，1998；Kim and Schneider，2005）。

第四，对学生来说，一致的教育期望有利于其通过与父母的沟通和交流，甚至是通过潜移默化的影响，顺利内化父母的教导和行为，端正学习态度、自我认知、努力态度等，从而能更大限度地从家庭教育资源中获益并实现教育目标（Muller and Ellison，2001）。当学生感知到父母的教育期望与自己的教育期望相一致时，将会更有自信地积极回应父母与自己的交流和互动，并在平等的交流互动中保持较高的自我效能感（Rutherford，2015）。然而，当学生感知到父母教育期望高于自我教育期望时，他们会有较差的学业成绩（Wang and Benner，2014），该结论是否因父母和子女教育期望不一致，双方不能进行有效的交流和行为互动，导致社会资本作用被削弱，不能有效传递，这需要更多的实证研究去探讨。

我国关于父母参与的研究多基于科尔曼社会资本理论而展开，一般分为家庭内部和家庭外部社会资本，或家庭内部父母参与和家庭外部父母参与进行讨论，前者的衡量指标包括父母与子女交流沟通、陪伴子女、亲子监督（如指导功课和检查作业等），后者包括父母参加家长会、与教师沟通交流等（Ho and Willms，1996；李佳丽，2017；李波，2018；田丰和静永超，2018）。以往的大部分研究表明，亲子交流、亲子陪伴等家庭内部参与行为会正向影响学生的学业成绩，但父母直接辅导学生功课、监督学生作业等家庭内部参与行为，以及家长会参与、家校互动等家庭外部参与行为对学生的学业成绩没有影响，甚至可能有负向影响（Ho and Willms，1996；Hill and Tyson，2009；赵延东和洪岩璧，2012；李佳丽，2017；李波，2018；Fan and Chen，2001）。

三、研究问题

以往的相关研究除了忽视学生自我教育期望的作用，以及较少探究父母教育期望与子女教育期望的一致和差异对学生发展的影响外，部分研究还没有对前期学业成绩、家庭社会经济地位等关键变量进行控制，可能存在内生性问题。为了弥补以往实证研究的不足，本研究将基于不同的理论视角，梳理父母教育期望与子女教育期望的关系，最终回答以下三个问题。

1. 学生的自我教育期望对学生的学业发展是否存在直接作用和中介作用？

2. 父母和子女是否必须保持一致的教育期望，才能对子女的学业表现产生积极的影响？

3. 父母和子女教育期望应该保持一致还是存在差异，才能有助于实现家庭社会资本对子女学业表现的提升作用？

以往基于科尔曼社会资本理论的父母参与研究大部分得出只有亲子交流和亲子陪伴会对学生发展产生稳定的积极影响的结论，鉴于此，本研究聚焦于亲子交流和亲子陪伴等行为，分析父母与子女教育期望的一致性和差异是否通过亲子交流、亲子陪伴等父母与子女之间的关系网络进行传递，从而对学生的学业表现产生间接影响。因此，问题3聚焦于父母和子女一致/差异的教育期望能否通过亲子交流、亲子陪伴等父母参与行为对学生的学业表现产生积极影响。

第三节　研究结果

本研究使用CEPS两期追踪数据的学生样本共计9449个。因变量为学生2015年的学业表现。在分析学生自我教育期望的直接和中介作用时，本研究的主要解释变量为2015年测量的父母和学生的教育期望。在分析父母教育期望和子女教育期望的一致性和差异的影响时，我们分别将父母教育期望和子女教育期望编码为 0（高中及以下）、1（大学及以上）的二分变量，并由此匹配出四种类型：父母和子女教育期望一致高型、父母和子女教育期望一致低型、父母教育期望更高型、子女教育期望更高型。我们以父母教育期望更高型为参照组，比较它与其他类型对学生学业表现的影响差异。其他控制变量包括：学生层面的性别、户口、是否独生等基本人口学特征，家庭背景（如流动状态、家庭结构、家庭经济水平、父母最高职业地位和受教育程度等），以及前期学业成绩等；学校层面的学校所在地行政级别、学校所在地类型、学校排名等。

一、不同家庭背景的父母教育期望、子女教育期望和学业表现差异分析

本部分采用方差分析 F 检验来比较不同家庭背景的父母教育期望、子女教育期望和学业表现的差异，并初步分析父母和子女不同教育期望匹配类型下的学生群体的学业表现的差异。

由表 8-1 可知，不同家庭经济水平的初中生子女和父母的教育期望存在显著差异：家庭经济水平越高，父母教育期望越高，子女的自我教育期望也越高。父母受教育程度、职业地位不同的家庭，学生和父母的教育期望存在显著差异：父母受教育程度越高、职业地位越高、父母教育期望越高，子女的自我教育期望就越高。

表 8-1 不同家庭背景初中生的父母教育期望、子女教育期望和学业表现

家庭背景	类型	样本量	父母教育期望（2015年）	子女教育期望（2015年）	学业表现（2015年）
	全样本	9330	6.41	6.46	66.38
家庭经济水平	困难	1969	6.04	6.06	60.28
	一般	6818	6.50	6.55	67.74
	富裕	550	6.67	6.69	68.86
	F 检验	—	46.38***	43.84***	146.16***
父母受教育程度	高中及以下	6340	6.25	6.27	63.99
	大专	1227	6.95	7.07	74.21
	本科	207	7.11	7.25	75.99
	研究生	1526	7.25	7.40	73.44
	F 检验	—	83.96***	101.53***	211.25***
父母的职业地位	普通工农	6389	6.21	6.23	63.66
	一般技术人员	1236	6.80	6.83	71.14
	专业技术人员	210	6.90	6.99	73.77
	政府/公司领导	1538	6.90	7.04	72.35
	F 检验	—	72.22***	83.39***	157.18***

注：*** 表示 $p<0.001$。

不同经济水平家庭的学生的学业表现存在显著差异：家庭经济水平高的学生的学业表现显著高于家庭经济水平低的学生，但经济水平一般和富裕家庭的学生的学业表现不存在显著差异。父母受教育程度、职业地位不同的学生的学业表现存在显著差异：父母受教育程度为大专及以上的学生的学业表现显著高于父母受教育程度为高中及以下的学生，但父母受教育程度为大专和研究生的学生的学业表现不存在显著差异；父母的职业为一般技术人员及以上的学生的学业表现显著高于普通工农家庭的学生，而父母职业为专业技术人员和政府/公司领导的学生的学业表现没有显著差异。不过多重比较结果表明，父母为专业技术人员和政府/公司领导的子女的

自我教育期望、父母教育期望均不存在显著差异。

表 8-2 的结果表明，父母和子女教育期望不同的学生群体在学业表现、亲子交流、亲子陪伴等方面存在显著差异。父母和自我的教育期望越高，学生的学业成绩、亲子交流和亲子陪伴的频率越高。例如，父母教育期望、自我教育期望为大学和研究生的学生的学业成绩、亲子交流和亲子陪伴的频率都高于平均值 66.38、2.21、3.35；而期望为高中及以下和专科的学生的学业成绩、亲子交流和亲子陪伴的频率都低于平均值。其中，父母和自我的教育期望为高中及以下的学生的学业成绩分别为 52.14、51.40，亲子交流的频率分别为 1.97、1.94，亲子陪伴的频率分别为 3.07、3.05。

表 8-2 不同教育期望以及匹配类型下的学生学业表现、父母参与分布

类型		样本量	学业表现（2015年）	亲子交流	亲子陪伴
全样本		9330	66.38	2.21	3.35
父母教育期望（2015年）	高中及以下	1954	52.14	1.97	3.07
	大学专科	1401	62.72	2.16	3.14
	大学本科	3582	70.26	2.24	3.43
	研究生	2293	74.09	2.40	3.58
	F 检验	—	820.71***	207.09***	131.75***
子女教育期望（2015年）	高中及以下	1920	51.40	1.94	3.05
	大学专科	1389	62.71	2.15	3.19
	大学本科	3244	69.76	2.26	3.44
	研究生	2690	74.56	2.38	3.54
	F 检验	—	927.27***	207.09***	131.75***
教育期望的匹配类型	教育期望一致低	1399	49.00	1.93	3.04
	父母期望更高	501	57.87	1.98	3.07
	子女期望更高	537	60.32	2.07	3.17
	教育期望一致高	6733	70.93	2.30	3.45
	F 检验	—	843.57***	197.99***	96.01***

注：第一，为了简化差异分析结果和后文的计量模型设置，我们对 2015 年学生和父母的教育期望进行了重新编码；第二，*** 表示 $p<0.001$。

不同教育期望匹配类型下的学生群体的学业表现也存在显著差异。多重比较分析结果显示，教育期望一致低型家庭与父母教育期望更高型家庭在亲子交流、亲子陪伴维度上没有显著差异。父母和子女教育期望一致高型家庭的学生学业表现、亲子交流和亲子陪伴的频率都显著高于其他家庭，而期望一致低型家庭的学生学业表现最差。父母教育期望更高型和教育期望一致低型的家庭的亲子交流和亲子陪伴的频率显著低于其他家庭。

二、子女教育期望对学生学业表现的影响

本部分首先采用两水平线性模型估计父母和子女教育期望对学生学业表现的影响，并分析父母教育期望和子女教育期望的一致性和差异对学生学业表现的影响（见表8-3）。模型1、模型2的结果表明，学生的自我教育期望能显著正向影响学生的学业表现，即期望越高，学业表现越好；学生的自我教育期望对学业表现的影响效应（0.77）大于父母教育期望（0.53）。此外，学生的自我教育期望进入模型后，父母教育期望对学生学业表现的影响效应系数由0.94显著下降到0.53，这说明子女教育期望会影响父母教育期望对学生学业表现的影响。

表8-3　父母和子女教育期望及匹配类型对学生学业表现的影响（HLM）

效应类型	层面	指标	模型0	模型1	模型2	模型3	模型4
固定效应	学生层面	前期学业成绩	0.78*** （0.02）	0.74*** （0.02）	0.72*** （0.02）	0.71*** （0.02）	0.70*** （0.02）
		女生	1.11*** （0.26）	0.94** （0.25）	0.76** （0.25）	0.56* （0.26）	0.50 （0.25）
		农业户口	−0.06 （0.32）	−0.11 （0.31）	−0.12 （0.32）	−0.21 （0.31）	−0.21 （0.32）
		省内流动	0.79* （0.38）	0.71 （0.37）	0.69 （0.38）	0.76* （0.38）	0.77* （0.37）

续表

效应类型	层面	指标	模型0	模型1	模型2	模型3	模型4
固定效应	学生层面	省际流动	0.78（0.55）	0.78（0.54）	0.75（0.54）	0.70（0.53）	0.72（0.53）
		独生	0.36（0.25）	0.35（0.25）	0.34（0.25）	0.36（0.26）	0.35（0.25）
		家庭经济水平	−0.53*（0.24）	−0.57*（0.24）	−0.54*（0.24）	−0.53*（0.24）	−0.53*（0.24）
		父母教育水平	0.34*（0.17）	0.25（0.16）	0.21（0.17）	0.29（0.17）	0.29（0.17）
		一般技术人员	−0.13（0.39）	−0.25（0.39）	−0.26（0.39）	−0.21（0.39）	−0.22（0.39）
		专业技术人员	1.06（0.80）	0.95（0.81）	0.96（0.80）	0.69（0.78）	0.68（0.78）
		政府/公司领导	0.02（0.40）	−0.14（0.40）	−0.23（0.40）	−0.21（0.40）	−0.21（0.40）
		父母都在家	0.81（0.42）	0.64（0.41）	0.60（0.40）	0.70（0.41）	0.82（0.42）
		母亲在家	0.76（0.56）	0.66（0.54）	0.68（0.54）	0.79（0.52）	0.90（0.54）
		父亲在家	−0.87（0.71）	−0.73（0.70）	−0.71（0.69）	−0.69（0.70）	−0.56（0.70）
		2015年父母教育期望		0.94***（0.08）	0.53***（0.07）		
		2015年学生自我教育期望			0.77***（0.09）		
		教育期望匹配（父母教育期望更高型为参照）					
		期望一致低型				−2.69***（0.63）	−2.70***（0.65）
		学生自我教育期望更高型				1.54*（0.74）	1.53*（0.74）

续表

效应类型	层面	指标	模型0	模型1	模型2	模型3	模型4
固定效应	学生层面	期望一致高型				4.61***(0.59)	4.58***(0.60)
		亲子交流					0.52*(0.25)
		亲子陪伴					−0.16(0.11)
	学校层面	学校所在地行政级别	2.79**(0.87)	2.79**(0.87)	2.79**(0.87)	2.76**(0.87)	2.76**(0.87)
		学校所在地类型	2.68*(1.10)	2.68*(1.10)	2.68*(1.10)	2.72*(1.09)	2.72*(1.09)
		学校排名	4.06**(1.29)	4.06**(1.29)	4.07**(1.29)	4.02**(1.28)	4.02**(1.28)
		截距项	66.16***(0.83)	66.16***(0.83)	66.16***(0.83)	66.18***(0.83)	66.18***(0.82)
随机效应		方差成分	78.12	78.17	78.20	77.55	77.55
	卡方值		5919.8	6079.7	6167.9	6110.3	6112.1
	N		8918	8918	8918	8781	8781

注：第一，*** 表示 $p<0.001$，** 表示 $p<0.01$，* 表示 $p<0.05$；第二，我们采用非标准化系数，括号内为标准误；第三，我们对关键解释变量，包括2015年父母教育期望、2015年学生自我教育期望、亲子交流、亲子陪伴等变量进行了缺失值均值替换处理。

本部分最后利用Mplus（潜变量建模软件程序），采用偏差校正的百分位Bootstrap方法（方杰等，2014）分析子女教育期望的直接和中介作用，探究父母和子女教育期望的一致性和差异对学生学业产生影响的中间路径（即亲子交流、亲子陪伴是否有中介作用），深入分析父母和子女教育期望及其一致性或差异对学生学业表现的影响。我们在分析过程中对学生的前期学业成绩，以及个体、家庭等层面的其他变量进行了控制。图8-1和表8-4呈现了子女教育期望的具体中介影响路径。我们发现，学生教育期望除了是父母教育期望影响学生学业表现的中介路径外，家庭背景也需要通过子女教育期望对学业表现产生间接影响，其中，子女教育期望的中介效应占教育期望总中介效应的约 56%。简单来说，子女教育期望对学业表现有显著的正向预测作用，并且父母教育期望需要通过子女教育期望对学生的学业表现产生间接影响。

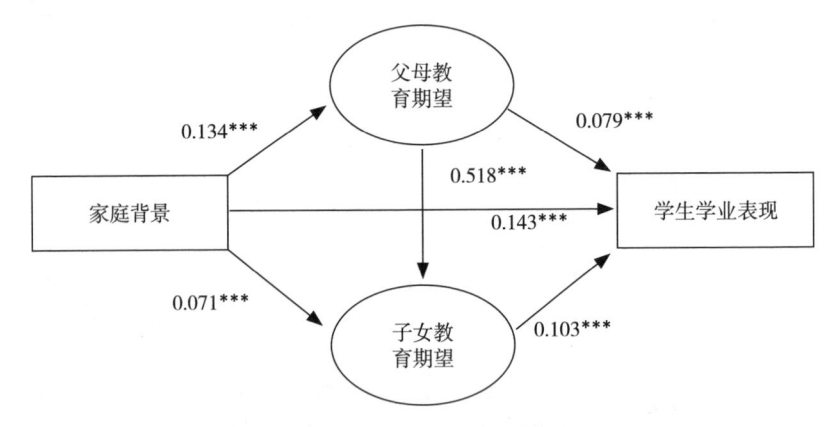

图 8-1 父母教育期望、子女教育期望影响学生学业表现的路径

注：*** 表示 $p<0.001$。

表 8-4 利用 Bootstrap 方法对子女教育期望中介效应的显著性检验结果

路径	标准化的中介效应估计	标准化中介效应	95% 的置信区间 下限	95% 的置信区间 上限
家庭背景→父母教育期望→学业表现	$0.134 \times 0.079 \approx 0.011$	0.011***	0.007	0.014
家庭背景→子女教育期望→学业表现	$0.071 \times 0.103 \approx 0.007$	0.007***	0.004	0.011
家庭背景→父母教育期望→子女教育期望→学业表现	$0.134 \times 0.518 \times 0.103 \approx 0.007$	0.007***	0.005	0.010
总的中介效应	—	0.025***	0.019	0.031

注：第一，* 表示 $p<0.05$，** 表示 $p<0.01$，*** 表示 $p<0.001$；第二，CFI=0.983，TLI=0.977，RMSEA=0.043，SRMR=0.029；第三，将 Bootstrap 样本的中介效应估计值从小到大排序，其中第 2.5 和 97.5 百分位点构成一个置信度为 95% 的中介效应置信区间，若中介效应值的 95% 的置信区间不包含 0，则中介效应显著。同表 8-3。

三、父母和子女教育期望一致和不一致对学生学业表现的影响

表 8-3 中的模型 3 的结果表明，并不是父母与子女教育期望保持一致就能对学生的学业表现有积极的影响。教育期望一致高型家庭的学生学业表现显著高于父母教育期望更高型家庭的学生（4.61），且其成绩效应大于子女教育期望更高型的成绩效应；教育期望一致低型家庭的学生的学业成绩显著低于父母教育期望更高型家庭的学生（2.69）。此外，由模型 3 可知，与子女教育期望更高型家庭相比，父母教育期望更高型家庭的学生学业表现相对更差（低 1.54）。

我们通过构建模型 4，初探亲子交流和亲子陪伴是否会影响教育期望一致性和差异对学生发展的影响，并通过结构方程模型进行验证。我们的研究结果发现（见图 8-2 和表 8-5），父母教育期望只有与子女教育期望保持一致高，才能有效通过父母与子女之间的交流沟通、陪伴活动等对子女的学业表现产生积极的影响，其中亲子交流和亲子陪伴的中介影响分别为 0.012、0.005；对于教育期望一致低的家庭，频繁的亲子交流可能会对学生的学业表现产生消极的影响，即在教育期望一致低的影响路径中起到抑制作用；在教育期望一致低时，它们并不能通过亲子陪伴对学业表现产生间接影响。另外，相较于父母教育期望更高型家庭，子女教育期望更高型家庭的学生也不能通过父母与子女之间的交流沟通和陪伴对子女的学业表现产生影响。

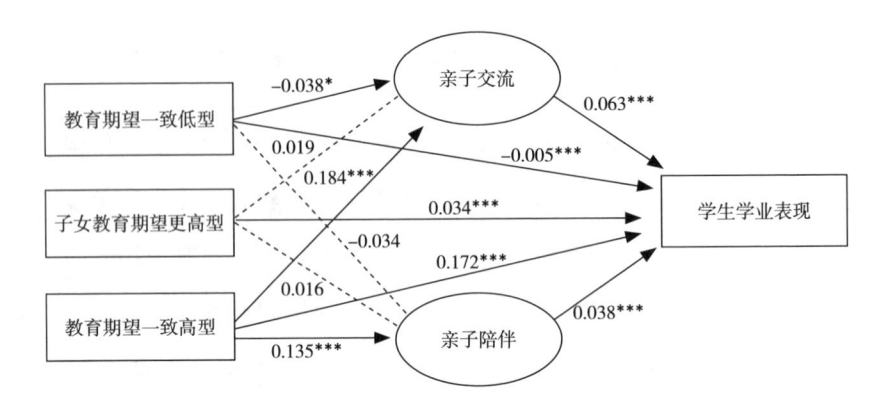

图 8-2　父母和子女教育期望的异同对学生学业表现的影响路径[①]

注：* 表示 $p<0.05$，** 表示 $p<0.01$，*** 表示 $p<0.001$。

表 8-5　利用 Bootstrap 方法对亲子交流、亲子陪伴中介效应的检验结果

路径	标准化的中介效应估计	标准化中介效应	95% 的置信区间 下限	上限
一致低→亲子交流→学业表现	$-0.038 \times 0.063 \approx -0.0023$	-0.002^*	-0.005	0.000
一致低→亲子陪伴→学业表现	$-0.034 \times 0.038 \approx -0.0013$	-0.001	-0.003	0.000
	—	-0.004^*	-0.007	-0.001
子女期望更高→亲子交流→学业表现	$0.019 \times 0.063 \approx 0.0012$	0.001	-0.001	0.003
子女期望更高→亲子陪伴→学业表现	$0.016 \times 0.038 \approx 0.0006$	0.001	-0.001	0.002
	—	0.002	-0.001	0.004
一致高→亲子交流→学业表现	$0.184 \times 0.063 \approx 0.0115$	0.012^{***}	0.008	0.015
一致高→亲子陪伴→学业表现	$0.135 \times 0.038 \approx 0.0051$	0.005^{***}	0.002	0.008
总的中介效应	—	0.017^{***}	0.013	0.021

注：* 表示 $p<0.05$，** 表示 $p<0.01$，*** 表示 $p<0.001$；CFI=0.987，TLI=0.960，

[①] 模型以父母期望更高型家庭作为参照组，图中呈现了教育期望一致高型、一致低型，以及子女教育期望更高型的影响路径，并与父母教育期望更高型进行比较。

RMSEA=0.049，SRMR=0.023。

第四节 研究结论和讨论

本章利用社会认知理论和社会资本理论建构分析框架，通过 HLM 和 SEM 探究初中生的自我教育期望在"望子成龙"心愿实现过程中的作用机制，并探讨父母与子女教育期望的异同对学生学业发展的影响机制，本章的主要研究发现如下。

第一，学生的自我教育期望是"望子成龙"心愿得以实现的关键，它在家庭背景和父母教育期望对子女学业表现的影响中起着显著的中介作用。子女教育期望不仅能显著正向预测其学业表现，而且它对学业表现的直接和间接影响均大于父母教育期望。父母的教育期望除了直接影响子女的学业表现外，还能通过对子女的自我教育期望产生影响，最终作用于子女的学业表现。上述发现说明家庭社会资本通过教育期望进行传递并作用于学生的学业表现时，学生的自我教育期望是社会资本能否实现有效传递的关键因素。

第二，父母与子女存在一致高的教育期望是家庭社会资本能够通过频繁的亲子交流和亲子陪伴实现有效传递，进而实现"望子成龙"心愿的关键。只有一致高的教育期望才能让子女从亲子之间高频率的交流和陪伴行为中体会到期待和关怀，从而受到激励，进而强化实现期望的动机并规范与学业有关的行为，最终对自身学业产生积极影响。反之，父母与子女一致低的教育期望不仅不能形成对子女学业表现有积极作用的社会资本，甚至会通过亲子间的频繁交流，让学生感知到父母的低期望，从而进一步降低自己在学业方面的要求和动机，对自身的学业表现产生抑制作用。

第三，如果父母和子女的教育期望存在差异，则社会资本不能通过父母与子女之间的亲子交流和亲子陪伴等行为进行有效传递。学生对自己的高教育期望对自身学业表现的正向影响效应会因父母的低教育期望引起的家庭社会资本缺失而被削弱；相应地，父母的高教育期望对学生学业表现的正向影响同样也存在学生的自我低教育期望导致家庭社会资本不能有效地由父母传递给子女而被削弱的可能性。具体来说，一是虽然学生的自我的教育期望对其学业表现的直接影响和中介作用都积极且显著，但自我教育期望更高型家庭的学生的学业表现明显低于父母和子女教育期望一致高型家庭的学生；二是自我教育期望更高型家庭的学生并不能像教育期望一致高型家庭的一样，通过亲子交流和陪伴对自身的学业表现产生积极的影响；三是自我教育期望更高对学生学业表现的影响明显低于教育期望一致高型家庭对学生学业表现的影响。

第四，与教育期望一致高型和子女教育期望更高型家庭相比，父母教育期望更高型家庭的学生的学业表现相对更差，所以一旦父母的高教育期望不能与学生的自我教育期望相匹配，就有可能出现父母的"恨铁不成钢"心态。可能的解释如下：一是子女教育期望高于父母时，父母通过语言或行为传递出来的低教育期望会打击子女原本想要实现自我高教育期望的强烈的学习动机和学习行为，从而削弱子女的自我教育期望对其学业表现的积极影响；二是若父母的教育期望过高，则其一方面会对子女造成直接压力，而另一方面会造成父母对子女的过度教育参与和过分控制（Wang and Beener，2014），让子女不能"消化"这种期望，甚至会因逆反情绪将社会资本视为一种约束，从而削弱社会资本的作用。

第九章 "寒门子弟"何以冲破藩篱?

第一节 "寒门子弟"面临的困境和突破

农村地区或家庭收入水平低的学子面临"硬资本"和"软环境"双重缺失的困境。上文也明确指出,弱势阶层群体家庭的教育经济投入、时间投入、情感投入都明显低于优势阶层群体,被认为难以通过子女教育实现阶层跃进(Lareau and Weininger,2003;朱焱龙,2018;程猛和陈娴,2018)。虽然"寒门是否再难出贵子"的问题在学术界一直争论不休,但"寒门子弟"逆袭成"贵子"的佳话仍然存在于每个时代,"寒门子弟"如何突破出身的藩篱、逆流而上实现逆袭也一直是诸多社会学者、教育学者探究的问题。

部分学者认为,寒门学子可以通过资本补给和自觉共情的双重策略获得更多教育机会,从而实现学业逆袭(朱焱龙,2018),本研究通过综述已有研究,将"寒门子弟"实现学业逆袭的路径归纳为三条:第一,资源替代理论视角下的弥补性资源可以通过"资本补给"弥补"寒门"家庭自身资本存量的不足,其实现方式有二:一是直接争取外部资源,如获得更多书籍、课外学习辅导、政府或慈善家的教育资助等,以弥补客体化形态的文化资本和经济资本的不足;二是争取更好的教育环境、重要他人的关注和情感支持，如去教育环境更好的学校读书，获得教师的欣赏和偏爱等，以弥补文化资本和社会资本的不足（余秀兰，2006；董永贵，2015；朱焱龙，2018；杜亮和刘宇，2020）。第二，文化资本理论视角下的"寒门子弟"特有的底层文化资本可以助力"寒门子弟"实现人生逆袭。以往研究中贫困家庭背景下知识改变命运的希望感、封闭型代码劳动阶层的语言感、重视读书和升学的充满爱的养育氛围（熊和妮和王晓芳，2018；曾东霞，2019；余秀兰，2020），独特的教育力量激励学生改变命运的内驱力、自我奋斗的意识和报答父母的孝心，在学习过程中养成的先赋性动力、道德化思维方式和学校化的心性品质，以及由此衍生出的勤奋、自律、自尊、自控、责任感等个人特质，它们作为底层文化资本可以助力"寒门子弟"获得高教育成就并实现逆袭（程猛和康永久，2016；程猛，2018）。第三，抗逆力理论视角下的抗逆力，即从身处不利环境但实现逆袭的学生身上提炼出的心理特质，如强烈的向上流动的动机、勤奋刻苦精神、强自制力等，以及抗逆力的产生与发展机制——家庭支持和社会支持等，可以解释处境不利的学生在学校教育中的学业逆袭（张聪聪和朱新卓，2018；康琪琪，2022；Agasisti and Longobardi，2014）。

虽然既有研究尝试基于不同的理论视角探究"寒门子弟"突破藩篱、获得高学业成就的原因，但它们存在以下待研究空间：第一，抗逆力研究本质上糅合了心理学和社会学的相关概念，将所有可能助力"寒门子弟"实现学业逆袭的个体特质因素、环境因素都涵盖到研究框架中。其中，个体特质因素与底层文化资本相似，环境因素与弥补性资源重合（张聪聪和朱新卓，2018），故本研究只着重探讨弥补性资源和底层文化资本。第二，弥补性资源和底层文化资本是对文化流动理论、文化抵制理论的丰富和拓展，无论是弥补性资源还是底层文化资本，其本身的存在与否，以及是否真的能够助力"寒门子弟"实现学业逆袭，都缺乏实证验证。相关研究多采取自下而上的归纳路径，利用从小样本的"寒门贵子"或已实现学业逆袭的、处境不利的学生访谈中获得的实质性材料和数据进行归纳。例如，程猛和康永久（2016）考察的底层文化资本，他们认为应当具备两个可检验的特征才能被称为资本。一是能助力"寒门子弟"获得教育成功。资本的本质是以不同形式获取生产利润或实现自身再生产的潜在能力，文化资本一旦失去其助力获得教育成功的功能就只能停留在文化层面，而不能被称为文化资本（Willis，1977；布迪厄，1997）。二是存在阶层性和区隔性，或存在存量的精英阶层排他性，或存在转化受益的精英阶层排他性。简而言之，从"量"的分布来看，这种资本是底层所独有（或至少中上阶层不普遍）的；从作用来看，这种资本对"寒门子弟"来说是"存在"且"有用"的，而对精英阶层来说是"不存在"或者"存在但没用"的。毕竟西方学者认为，由先赋性学习动力、道德化思维方式和学校化心性品质衍生出来的责任感、自卑、勤奋、努力、自律、自控等个性特质是华人的学习美德，是大部分中国学子的特性，并非"寒门贵子"所独具的（李瑾，2015）。第三，就算弥补性资源、底层文化资本存在且能助力"寒门子弟"取得教育成功，其实现路径也未得到实证检验。

第二节　理论阐述和问题提出

一、具有"寒门"特征的弥补性资源和底层文化资本——中国情境下的再生产还是创新？

弥补性资源和底层文化资本的提出可以追溯到布迪厄文化资本衍生出的三代理论。第一代为文化再生产理论，强调文化资本精英阶层的独有属性和不均等特征（Bourdieu，1986），反向推导"工之子恒为工"的原因（田丰和静永超，2018；Lareau and Weininger，2003）；第二代为文化抵制理论，强调工人阶层子女创造出区别于精英阶层文化资本的"反学校文化（counter-school culture）"（Willis，1977；Fernandes，1988）；第三代为文化流动理论，更多关注那些突破束缚实现阶层跨越的弱势阶层中的"循规者"，强调文化资本非精英阶层独有，相反，弱势阶层一旦拥有将会受益更多的特性（DiMaggio，1982）。三代理论的推进路径并不相同：文化抵制理论从文化资本"质"的不均衡视角探究弱势阶层的特有文化，虽然弥补了文化再生产理论对弱势阶层文化分析的不足，但忽视了成功实现流动的"寒门循规者"的创造性文化，以及这些文化本身的能动性和价值。文化流动理论则从"量"的不均衡视角分析弱势阶层从文化资本中获益的可能性（DiMaggio，1982；DiMaggio and Mohr，1985；Aschaffenburg and Maas，1997；Dumais，2006），并且在相应的实证研究过程中推进了文化资本的分类（Sullivan，2001；Wu，2008；洪岩璧和赵延东，2014；郑雅君，2015；吴愈晓等，2017；田丰和杨张韫宇，2019；肖日葵，2016；仇立平和肖日葵，2011；孙远太，2010）。譬如，研究者将文化资本进行了高雅和普通的分类。当然，这种类型的区分更多依据不同阶层存量的多寡而非阶层特质，并且在研究过程中因过于强调弱势阶层是否能从不同类型的文化资本中获益更多，而忽视了存量差异这个根本性问题。事实上，弱势阶层群体即便能从优势或精英阶层存量更多的高雅文化资本或弱势阶层群体相对存量较多的普通文化资本中获益更多，但如何弥补其自身的高雅文化资源不足、如何获取更多普通文化资源才是弱势阶层实现逆流而上的根本。考虑到文化抵制理论和文化流动理论的不足，国内以余秀兰、程猛、熊和妮、杜亮等为代表的学者尝试用具有"寒门"特征的弥补性资源和底层文化资本来解释"循规者"的教育流动。

弥补性资源理论衍生于对文化流动理论的补充，该理论认为"寒门子弟"想要获得教育成功实现阶层流动并不在于是否能更多地从某些特定文化资本中获益，而在于如何通过获得弥补性资源来弥补"寒门子弟"文化资本和其他资本存量的不足（余秀兰，2006；朱焱龙，2018；杜亮和刘宇，2020）。毕竟，无论"寒门子弟"是否能从高雅或普通文化活动参与、高质量教育实践中获益更多，想要实现社会流动，就需要提高"寒门子弟"的资本存量。然而，高雅文化活动参与、嵌入家庭内部的身体化形态的文化资本因其成本高、隐蔽和长期性等特征，较难被"寒门子弟"获得，即使是普通文化活动、资源存量，"寒门子弟"也未占据优势，故需要借助外力来弥补资本的不足。参考文化资本的形态分类，弥补性资源大致分为三类：第一，制度化的弥补性资源。依附于父母以及资格证书的制度化文化资本相对稳定且较难改变，弱势阶层可以通过寻求其他高学历群体的帮助来弥补自身的不足，如求助于怀揣"拯救情结"的教师（熊和妮和王晓芳，2019），再如希冀家长好友、亲戚等重要他人在自己的高考志愿填报等重要节点提供帮助（Liu，2013）。第二，客体化的弥补性资源。藏书、艺术品等文化资本与经济资本密切相关，弱势阶层一方面可以通过从公共环境中获得免费的文化资源或活动参与机会来弥补文化资本的不足（Kisida et al.，2014），另一方面还可以通过获取外界经济资助间接获得更多更高质量的文化资本，以提高学业成就（钟云华，2015；张京京，2015，2017；何章立和丁小浩，2021）。第三，身体化的弥补性资源。弱势阶层可以通过社交媒体活动、对教师和亲友的模仿，在性情、观念、习惯等方面实现"中产阶级化"（熊和妮，2017），缩小文化资本的差距（Roksa and Potter，2011）。根据以上综述并结合已有数据，本研究将家庭辅导作业的人数、参加补习的人数、政府与学校资助、他人资助等指标变量作为潜在弥补性资源加以分析。

底层文化资本理论衍生于文化抵制理论。底层文化资本指"寒门贵子"身上蕴含的先赋性动力、道德化思维和学校化的心性品质，它们作为自身的性情或"身体化文化资本"助力自身成长（程猛，2016，2018）。底层文化资本强调"寒门贵子"之所以能取得教育成功并非因为他们弥补或引入了更多的文化资本，而是他们利用了本阶层特有文化的结果（程猛，2018）。有别于"反学校文化"，因未能实现收益转化而不能被称为资本（胡安宁，2021），底层文化资本的这一概念是直接从那些实现了阶层跨越的

"循规者"身上挖掘和提取出来的,其显然能和文化资本理论实现更精准的对接,从而弥补了威利斯(Wills,1977)笔下"循规者"社会流动过程的空白。其中,先赋性动力指"寒门贵子"出于对梦想的渴望以及对"物或损之而益"的信念而衍生出的突破自我、出人头地的拼搏动力;道德化思维指因贫穷、有负担的爱,将学习作为道德事务而形成的自卑、高教育期望、负疚感、勤奋努力、自律等特质;学校化的心性品质,指因出身底层而滋生的吃苦耐劳、坚忍不拔、重视读书的品性,因渴求关注而努力获得他人的重视、爱和欣赏,因只会学习而养成自卑、敏感、内敛、被动等性格。程猛(2018)提炼出的自卑、自律、勤奋、努力、坚韧、改变命运的强烈动机等个体特质指标只有对"寒门子弟"有用时才能被称为底层文化资本,否则它与经济学中的非认知人力资本或非认知能力,以及心理学中的人格特质、情绪智力或非智力因素无异。根据以上综述并结合可获得的数据,本研究选择努力、自律、自尊、自控和个人教育期望等因素,作为潜在底层文化资本的指标变量。

二、"寒门"特征弥补性资源和底层文化资本如何实现?

弥补性资源具有"借助他力""资助"等属性,弱势家庭既可以依赖社会为子女提供更多的学习用品(如书籍、书桌等)、组织更多的学习型活动(如阅读、参观博物馆等)(Sullivan,2001),也可以通过获取经济资助,将其转化为文化资源(方长春和风笑天,2008;刘成奎和齐兴辉,2019)促进子女学业进步。除了直接影响外,弥补性资源(如现金或经济资助)还可以通过激发学生的学习动力、增强自我管理能力、促进社会融合等,间接提高学生的学业成绩(鲍威和陈亚晓,2015;曲绍卫和汪英晖,2018;何章立和丁小浩,2021)。因此,弥补性资源除了能对学生的教育获得产生直接影响外,还会带来激励效应以促进学生底层文化资本的增加,从而正向影响其教育获得。

底层文化资本除了可能在弥补性资源对学生教育获得产生影响的过程中起中介作用外，经济学视角下与之相似的非认知能力对学生教育获得产生影响的路径更为丰富。自律、自我效能感、控制点等非认知能力除了对学生教育成就有直接的正向影响作用外（Duckworth and Seligman，2005；曾荣侠和李新旺，2003；肖磊峰和刘坚，2017；Piatek and Pinger，2016；Barón and Cobb-Clark，2010），还可能是家庭对学生的学业成就产生作用的中介路径。例如，家庭社会经济地位通过影响学生的自控、内外化问题行为和社交能力，对学生的学业表现产生影响（Hsin and Xie，2017）。黄超（2018）的研究将家庭教养实践纳入讨论，认为父母教养方式的差异会影响子女非认知能力的发展，父母教育参与和行为支持可以培养子女的学习态度和学习习惯（李忠路和邱泽奇，2016；李波，2018），强烈的"教育改变命运"的愿望会转化为子女的内在学习动力（刘谦和陈颖军，2020），从而提升子女的学业成就。

三、问题提出

具有"寒门"特征的弥补性资源和底层文化资本显然是西方经典理论在中国情境下的创新，但目前的研究还存在以下不足：第一，相较于文化流动理论强调文化资本作用的异质性而忽视"寒门子弟"在文化资本存量禀赋上的不足，国内的"弥补说"更强调借助外力，尤其是教育系统的奖励资助机制进行补充。虽然弥补性资源理论有其先进性，但到目前为止，上文讨论的弥补性资源到底是否能够助力弱势阶层学生群体取得学业成功，以及哪些弥补性资源能助力成功并成为资本还有待验证。第二，与部分非认知能力相近的潜在底层文化资本指标只有满足以下条件时才能被称为具有寒门特征的底层文化资本，即要么是"寒门子弟"所独有的，要么是只有"寒门子弟"能从中获益。然而，因样本选择的局限性，国内对"寒门贵子"底层文化资本的提炼缺乏与普通家庭子弟和"高门贵子"的比较。

根据以上论述，本章拟基于 2018 年的 CFPS 数据，从城乡／人均收入水平和学生是否升入重点示范学校这两个维度划分"寒门贵子""寒门普通""高门贵子""高门普通"四类学生群体，并采用两水平多元 Probit 模型和中介模型探究以下研究问题。

第一，非父母的他人辅导作业人数、补习、政府与学校资助、他人资助等是不是助力"寒门子弟"提高自身在重点学校的入学概率的弥补性资源？

第二，努力、自律、自尊、自控和个人教育期望等因素是不是只能助力"寒门子弟"提高其重点学校入学概率的底层文化资本？我们聚焦于两项讨论：一是努力、自律、自尊、自控和个人教育期望能提高"寒门子弟"成为"寒门贵子"的概率；二是努力、自律、自尊、自控和个人教育期望不能提高"高门子弟"成为"高门贵子"的概率。

第三，如果存在弥补性资源和底层文化资本，它们如何实现作用？我们将分析弥补性资源、底层文化资本对"寒门子弟"实现高质量学业成就或提高入学机会的影响路径，具体分为两点：一是弥补性资源是否通过影响底层文化资本对学生的教育获得产生影响；二是父母教养实践是否通过影响底层文化资本对学生的教育获得产生影响。

第三节　研究设计

一、数据来源和变量

本章使用北京大学中国社会科学调查中心调查的 CFPS 2018 年数据，并匹配 2014 年、2016 年的部分关键解释变量。关于样本筛选，本章依次做了以下工作：第一，由于被解释变量学生类型的构成中包含是否就读重点学校这一维度，所以我们剔除了未上学的样本；第二，由于 CFPS 10—15 岁学生自答问卷中包含潜在底层文化资本和弥补性资源的相关指标变量，并且相较于小学，中学的重点示范校具有较强的优绩筛选性，所以我们将上学阶段限制为中学；第三，通过学生身份认证（students identity，简称学生id）匹配家长问卷，我们剔除了关键分析变量缺失的样本。最终进入模型分析的样本量为973个。

本章的关键被解释变量为学生类型，包含家庭背景和教育获得两个维度，考虑到研究的可比性，家庭背景用家庭人均纯收入和基于国家统计局资料的城乡分类这两个指标来衡量。我们对前者的奇异值进行1%缩尾处理后，对其加以四等分处理，将家庭人均纯收入最高的25%的样本归为"高门"，中上/中下25%的样本归为中产，最低25%的样本归为"寒门"；至于后者，我们则依据我国国情，将城市样本归为"高门"，农村样本归为"寒门"。教育获得指标选取"孩子是否上重点学校"，并以家长问卷为主、学生问卷为辅补充缺失值，将上重点学校的样本归为"贵子"，上普通学校的样本归为普通学生。上述两个维度的不同衡量方式分别将学生类型划分为六类和四类，而本章主要探讨两种分类结果的重叠部分，即"高门贵子""高门普通""寒门贵子""寒门普通"（见表9-1）。

表 9-1　学生类型的两种分类方式

家庭背景		教育获得	
		重点	非重点
经济型分类	最高 25%	"高门贵子"	"高门普通"
	最低 25%	"寒门贵子"	"寒门普通"
城乡型分类	城市	"高门贵子"	"高门普通"
	农村	"寒门贵子"	"寒门普通"

其他变量如表9-2所示，微观层面的数据来自CFPS 2014年、2016年和2018年的个人库、家长代答库和家庭经济库，其中的关键解释变量包括以下几类。第一，潜在底层文化资本：责任感、自尊、自控、努力等学生品性；第二，潜在弥补性资源：辅导作业的人数、补习、政府与学校资

助、他人资助等；第三，家庭养育实践：养育观念、学业关怀、学习管教方式、亲子交流等。至于其他控制变量，因个体能力、家庭社会经济文化背景以及所处地区的教育质量、教育公平、教育竞争程度等会对学生的教育获得产生影响（吴愈晓，2013；刘占兰和高丙成，2013；刘精明，2014），故本章会对学生性别、所在地、认知能力、父母受教育程度、职业地位、家庭收入、教育质量、教师质量、收入不平等指数、本科升学率进行控制。其中，宏观层面的各省份的基尼系数基于CFPS收入计算获得，国内本科升学率从各省份的高考录取率公布数据中提取。

表9-2 各指标变量及相应的说明

维度	变量	说明	均值或占比
潜在底层文化资本	自律/责任感	由孩子学习很努力、孩子完成作业后会检查、孩子完成作业后才玩、孩子做事时注意力集中、孩子遵规守纪、孩子一旦开始做事就必须完成、孩子喜欢把物品摆放整齐七道题的均值构成，得分范围为1（非常同意）—5（非常不同意），分数越高说明学生责任感越强	3.58
	自尊	由我不比别人差、我有许多好品质、我能把事情做好、我对自己持肯定态度、我对自己是满意的、我希望赢得尊重、我是一个失败者、我值得自豪的地方不多、我毫无用处、我自认为一无是处十道题构成，得分范围为1（非常同意）—5（非常不同意），对最后四道题反向计分后加总取均值，分数越高说明学生自尊感越强。缺失值通过学生id匹配2014年、2016年的数据进行填补	3.803
	自控	由我总是准备充分、我很注意细节、我喜欢有条理、我会按自己的日程安排做事、在学习中我很仔细、我做事细致周全、我先做作业后玩、作业布置我马上开始做、东西乱了我马上收拾、我总是随意摆放物品、我总把东西弄乱、我总忘记把东西还原12道题构成，得分范围为1（非常同意）—5（非常不同意），对最后三道题反向计分后加总取均值，分数越高说明学生自控力越强。缺失值通过学生id匹配2016年的数据进行填补	3.57

续表

维度	变量	说明	均值或占比
潜在底层文化资本	努力	对学生自答的非周末学习时间（小时）和周末学习时间（小时）求和	6.88
	个人教育期望	将期望的受教育程度转化为期望的受教育年限，年限越长说明学生的自我教育期望越高	14.69
潜在弥补性资源	补习时间	参加学校辅导、竞赛辅导和心智开发辅导的时间总和	1.55
	辅导作业的人数	家庭辅导学生作业的人数，取值 0—5	0.33
	政府与学校资助	由是否接受政府、学校及其他组织机构资助组成，0=否，1=是	85.9%（未受资助比例）14.1%（接受资助比例）
	他人资助	亲朋好友支付的教育费用/1000	0.13
家庭养育实践	父母教育期望	同上文指标变量个人教育期望的说明	15.70
	学习约束	由为激励孩子学习放弃看电视、阻止孩子看电视、限制孩子看的节目三道题组成，得分范围为1（从不）—5（很经常，每周5—7次），分数越高说明家长对孩子的学习约束越强	3.00
	学业关怀	由常与孩子谈学校里的事、要求孩子完成作业、检查孩子作业三道题组成，得分范围为1（从不）—5（很经常，每周5—7次），加总求均值，分数越高说明家长对孩子的学业关怀越高	3.18
	亲子交流	以与父母争吵次数和与父母谈心的次数的均值为界划分为四类：1=缄默型（低争低谈），2=友好型（低争高谈），3=冲突型（高争低谈），4=交流型（高争高谈）	52.95%（低争低谈）15.55%（低争高谈）23.11%（高争低谈）8.39%（高争高谈）

161

续表

维度	变量	说明	均值或占比
家庭养育实践	管教方式	由孩子成绩不理想时如何处理这道题构成，将联系他/她的老师和更多地帮助这个孩子编码为1（帮助型），体罚、责骂这个孩子以及限制孩子的活动编码为2（责罚型），告诉这个孩子要更加努力地学习编码为3（鼓励型），不采取任何措施编码为4（放任型）	16.49%（帮助型） 11.03%（责罚型） 69.07%（鼓励型） 3.41%（放任型）
其他控制变量	父母的养育观念	由死后有人念想、传宗接代和子女有出息三道题组成，得分范围为1（不重要）—5（非常重要），加总求均值，分数越高说明个人的养育观念越偏向利己性	4.09
	藏书量	用家庭藏书量来衡量（本）	69.81
	父母阅读量	用父母自答的一年读书量来衡量（本）	1.55
	父母受教育年限	父母接受教育的年数	7.08
	认知能力	由词组测试和数学测试两道题构成，加总求均值，分数越高说明学生认知能力越强	20.70
	学生性别	0=女，1=男	47.79%（女生比例） 52.21%（男生比例）
	城乡类型	0=乡村，1=城镇	58.70%（乡村） 41.3%（城镇）
	父母最高职业声望	采用国际职业声望指标衡量，范围为13—78，分数越高说明个人职业声望越高	38.90
	家庭人均纯收入	对家庭人均纯收入的奇异值（1%缩尾截取）进行平均值替换后对数处理	9.07
	教育质量	由家长判断的孩子语文和数学成绩两道题组成，得分范围为1（差）—4（优），加总求均值，分数越高说明整体教育质量越好	2.50
	教师质量	由孩子对班主任、语文老师、数学老师、英语老师的满意程度四道题构成，得分范围为1(非常不满意)—5(非常满意)，加总求均值，分数越高说明整体教师质量越好	4.22

续表

维度	变量	说明	均值或占比
其他控制变量	社会不平等系数	2018年居民内部收入分配差异基尼系数指标，数值越大说明收入不平等程度越高	0.48
	本科升学率	2017年本科升学率，数值越大说明普通高等教育竞争越小	0.13

注：虚拟变量和类别变量进行百分比统计，其他变量进行均值统计。

二、研究方法

首先，我们采用描述性统计方法，比较"寒门贵子""寒门普通""高门贵子""高门普通"等不同类型学生的潜在弥补性资源、潜在底层文化资本、家庭养育实践是否存在显著差异。

其次，我们采用两水平多元Probit模型分析潜在弥补性资源和底层文化资本对"寒门子弟"能否升入重点学校的影响效应，验证哪些弥补性资源和底层文化资本是有效的。

最后，我们进行因变量为类别变量的中介分析，探究"寒门"家庭弥补性资源和底层文化资本的实现路径。因变量为分类变量，我们在分析过程中用二元Logistic回归取代通常的线性回归，方程组如下：

$$Y'=i_1+cX+dZ+\varepsilon_1 \tag{9-1}$$

$$M=i_2+aX+dZ+\varepsilon_2 \tag{9-2}$$

$$Y''=i_3+c'X+bM+dZ+\varepsilon_3 \tag{9-3}$$

$$Y'=\text{Logit}\,P(Y=1|X)=\ln\frac{P(Y=1|X)}{P(Y=0|X)} \tag{9-4}$$

$$Y''=\text{Logit}\,P(Y=1|M,X)=\ln\frac{P(Y=1|M,X)}{P(Y=0|M,X)} \tag{9-5}$$

其中，Y表示是否升入重点学校，X表示家庭养育实践、弥补性资源等关键自变量，M表示得到验证的底层文化资本，Z表示控制变量。Logistic回归方程和多元回归方程的因变量方差或尺度不同，逐步回归结

果中 ab 不等于 $c-c'$，ab 更接近中介效应真值，且具有很好的稳健性，能更好地代表中介效应（方杰等，2017），故本研究用 ab 呈现中介效应，并用相应的 Sobel 检验结果验证其显著性。因本章探究的是"寒门子弟"教育获得的路径，故我们最终只呈现"寒门子弟"变成"寒门贵子"的中介路径结果。

第四节　研究结果

一、描述性统计分析结果

表 9-3 显示了不同家庭类型潜在底层文化资本、潜在弥补性资源和家庭教养实践差异分析的结果。在潜在底层文化资本方面，无论是经济型分类还是城乡型分类，"寒门子弟"的责任感显著高于"高门子弟"，自尊显著低于"高门子弟"；就努力程度、自我教育期望而言，"高门贵子"最高，"寒门贵子"则处于较低水平；自控能力在不同群体之间没有显著差异。

在潜在弥补性资源方面，无论是经济型分类还是城乡型分类，不同类型家庭在辅导作业的人数、补习时间、政府资助和他人资助方面都存在显著差异。其中，"寒门"家庭在辅导作业的人数、补习时间、他人资助方面都显著弱于"高门"家庭，但其接受的政府资助显著高于"高门"家庭，且"寒门贵子"的整体潜在弥补性资源最高。

第九章 "寒门子弟"何以冲破藩篱？

表9-3（a） 不同类型家庭潜在底层文化资本、潜在弥补性资源和家庭教育实践的差异（一）

<table>
<tr><th colspan="2" rowspan="2">指标</th><th rowspan="2">全样本</th><th colspan="5">经济型分类</th><th rowspan="2">全样本</th><th colspan="4">城乡型分类</th></tr>
<tr><th>"寒门普通"</th><th>"寒门贵子"</th><th>"高门普通"</th><th>"高门贵子"</th><th>F值</th><th>"寒门普通"</th><th>"寒门贵子"</th><th>"高门普通"</th><th>"高门贵子"</th><th>F值</th></tr>
<tr><td rowspan="5">潜在底层文化资本</td><td>责任感/自律</td><td>3.58</td><td>3.72</td><td>3.88</td><td>3.34</td><td>3.51</td><td>F=9.419, p<0.001</td><td>3.58</td><td>3.61</td><td>3.80</td><td>3.41</td><td>3.58</td><td>F=9.759, p<0.001</td></tr>
<tr><td>自尊</td><td>3.83</td><td>3.75</td><td>3.71</td><td>3.88</td><td>3.89</td><td>F=3.745, p<0.01</td><td>3.83</td><td>3.76</td><td>3.80</td><td>3.91</td><td>3.91</td><td>F=9.218, p<0.001</td></tr>
<tr><td>自控</td><td>3.57</td><td>3.64</td><td>3.68</td><td>3.49</td><td>3.50</td><td>F=2.147, 不显著</td><td>3.57</td><td>3.59</td><td>3.62</td><td>3.53</td><td>3.56</td><td>F=1.196, 不显著</td></tr>
<tr><td>努力</td><td>6.76</td><td>6.23</td><td>6.70</td><td>7.00</td><td>7.39</td><td>F=3.577, p<0.01</td><td>6.77</td><td>6.35</td><td>6.52</td><td>7.02</td><td>7.73</td><td>F=13.421, p<0.001</td></tr>
<tr><td>自我教育期望</td><td>14.68</td><td>14.26</td><td>14.42</td><td>15.09</td><td>15.24</td><td>F=2.681, p<0.05</td><td>14.69</td><td>14.23</td><td>14.34</td><td>15.06</td><td>15.56</td><td>F=9.963, p<0.001</td></tr>
<tr><td rowspan="4">潜在弥补性资源</td><td>辅导作业的人数</td><td>0.34</td><td>0.34</td><td>0.18</td><td>0.43</td><td>0.60</td><td>F=5.731, p<0.001</td><td>0.34</td><td>0.28</td><td>0.31</td><td>0.41</td><td>0.43</td><td>F=3.973, p<0.01</td></tr>
<tr><td>补习时间</td><td>1.44</td><td>0.73</td><td>1.13</td><td>1.48</td><td>4.04</td><td>F=4.815, p<0.001</td><td>1.44</td><td>0.88</td><td>1.06</td><td>1.67</td><td>2.97</td><td>F=6.072, p<0.001</td></tr>
<tr><td>政府与学校资助</td><td>0.14</td><td>0.14</td><td>0.24</td><td>0.04</td><td>0.09</td><td>F=4.848, p<0.001</td><td>0.14</td><td>0.17</td><td>0.22</td><td>0.06</td><td>0.13</td><td>F=7.884, p<0.001</td></tr>
<tr><td>他人资助</td><td>0.09</td><td>0.01</td><td>0.02</td><td>0.27</td><td>0.22</td><td>F=1.666, 不显著</td><td>0.11</td><td>0.03</td><td>0.01</td><td>0.20</td><td>0.25</td><td>F=2.225, 不显著</td></tr>
<tr><td rowspan="3">家庭教养实践</td><td>父母教育期望</td><td>15.67</td><td>15.13</td><td>15.55</td><td>16.01</td><td>16.84</td><td>F=6.219, p<0.001</td><td>15.68</td><td>15.44</td><td>15.33</td><td>15.75</td><td>16.60</td><td>F=8.679, p<0.001</td></tr>
<tr><td>学习约束</td><td>3.02</td><td>3.09</td><td>3.13</td><td>2.99</td><td>3.24</td><td>F=1.431, 不显著</td><td>3.01</td><td>3.05</td><td>3.03</td><td>2.94</td><td>3.05</td><td>F=0.740, 不显著</td></tr>
<tr><td>学业关怀</td><td>3.20</td><td>3.19</td><td>3.07</td><td>3.28</td><td>3.38</td><td>F=1.585, 不显著</td><td>3.19</td><td>3.16</td><td>3.05</td><td>3.22</td><td>3.40</td><td>F=4.009, p<0.01</td></tr>
</table>

表 9-3（b） 不同类型家庭潜在底层文化资本、潜在弥补性资源和家庭教养实践的差异（二）

指标			经济型分类					城乡型分类				
		全样本	"寒门普通"	"寒门贵子"	"高门普通"	"高门贵子"	卡方值	全样本	"寒门普通"	"寒门贵子"	"高门普通"	"高门贵子"	卡方值
家庭养育实践	学习管教方式												
	帮助型	16.69%	10.79%	18.18%	16.38%	26.47%	21.249	16.74%	13.69%	18.88%	17.10%	22.03%	8.507
	责罚型	11.24%	15.83%	15.15%	7.34%	10.29%		11.20%	11.31%	13.99%	9.67%	11.02%	
	鼓励型	68.25%	69.78%	59.09%	70.62%	60.29%		68.36%	72.02%	63.64%	68.77%	62.71%	
	放任型	3.82%	3.60%	7.58%	5.65%	2.94%		3.70%	2.98%	3.50%	4.46%	4.24%	
	亲子交流方式												
	缄默型	52.28%	52.52%	50.77%	57.39%	46.27%	22.581	52.44%	51.65%	54.55%	56.88%	41.74%	19.363
	友好型	15.40%	18.71%	12.31%	8.52%	13.43%		15.35%	18.92%	16.78%	9.67%	16.52%	
	冲突型	24.04%	24.46%	30.77%	21.59%	26.87%		24.07%	22.82%	23.08%	23.42%	30.43%	
	交流型	8.28%	4.32%	6.15%	12.50%	13.43%		8.14%	6.61%	5.59%	10.04%	11.30%	

在家庭教育实践方面，无论是经济型分类还是城乡型分类，父母对学生的学习约束没有显著差异，对学生的学业关怀方式、交流方式和学习管教方式却存在显著差异。其中，对于城乡型分类的家庭，"寒门贵子"家庭的父母教育期望、学业关怀最低，而"高门贵子"最高。无论是经济型还是城乡型分类，学习管教方式呈鼓励型的家庭占大多数，其中，普通家庭的占比显著高于"贵子"家庭。采用责罚型管教方式的"寒门"家庭比例更高，采用帮助型管教方式的"贵子"家庭比例更高。亲子交流方式呈缄默型的家庭占大多数，且普通家庭占比明显更高，冲突型的"贵子"家庭占比更高，交流型的"高门"家庭占比最高。

整体来讲，无论是潜在底层文化资本还是潜在弥补性资源都分布于不同阶层的家庭，没有特别表现为"寒门贵子"的独有特征，即显著的"量"的不均衡特质。然而，"寒门贵子"整体的责任感强、自尊心低、政府资助比例最高。到底哪些因素是弥补性资源，哪些因素是底层文化资本，以及如何助力"寒门子弟"突破出身藩篱，进入重点学校，提高阶层跃进的概率，需要我们进一步的实证研究分析。

二、弥补性资源和底层文化资本的验证

我们采用两水平多元 Probit 模型分析不同类型家庭子女升入重点学校的影响因素，并对弥补性资源和底层文化资本进行验证。表9-4显示的研究结果如下。

表 9-4 不同类型家庭子弟升入重点学校的影响因素

指标		"寒门普通" vs "寒门贵子"						"高门普通" vs "高门贵子"			
		经济型分类		城乡型分类		经济型分类		经济型分类		城乡型分类	
		模型1	模型2	模型1	模型2	模型1	模型2	模型1	模型2	模型1	模型2
	教育期望	−0.21* (0.09)	−0.21* (0.10)	0.00 (0.06)	0.02 (0.06)	−0.21* (0.10)	−0.24* (0.10)	−0.25*** (0.07)	−0.25** (0.08)		
	学习约束	−0.23 (0.26)	−0.15 (0.27)	−0.02 (0.16)	−0.06 (0.17)	−0.40 (0.25)	−0.42 (0.26)	−0.23 (0.19)	−0.28 (0.20)		
	学业关怀	0.23 (0.32)	0.12 (0.34)	0.30 (0.20)	0.35ᵃ (0.20)	0.25 (0.30)	0.33 (0.31)	−0.28 (0.23)	−0.26 (0.24)		
	友好型	0.10 (0.73)	0.45 (0.79)	−0.33 (0.43)	−0.33 (0.44)	−0.94 (0.74)	−1.03 (0.77)	−1.14* (0.51)	−1.17* (0.52)		
家庭养育实践	冲突型	−0.45 (0.51)	−1.02ᵃ (0.55)	−0.28 (0.33)	−0.38 (0.35)	−1.19* (0.51)	−1.26* (0.52)	−1.02** (0.38)	−1.15** (0.40)		
	交流型	−0.38 (0.88)	−0.30 (0.91)	−0.02 (0.51)	0.07 (0.52)	0.88 (0.82)	1.01 (0.84)	0.31 (0.64)	0.31 (0.66)		
	帮助型	−1.47 (1.43)	−2.20 (1.58)	−0.88 (0.91)	−0.72 (0.92)	4.16 (3.99)	4.46 (4.14)	0.30 (0.92)	0.39 (0.96)		
	责罚型	−1.26 (1.39)	−2.20 (1.54)	−1.07 (0.90)	−1.12 (0.91)	−3.29 (4.02)	−3.38 (4.15)	0.77 (0.98)	0.66 (1.01)		
	鼓励型	−0.57 (1.34)	−1.57 (1.50)	−0.26 (0.84)	−0.23 (0.85)	−3.02 (3.97)	−3.26 (4.11)	0.82 (0.87)	0.83 (0.90)		
潜在弥补性资源	补习时间	0.01 (0.06)	0.05 (0.08)	−0.01 (0.03)	−0.01 (0.03)	−0.08* (0.03)	−0.09** (0.03)	−0.03 (0.02)	−0.03 (0.02)		
	辅导作业的人数	0.53 (0.43)	0.59 (0.45)	−0.15 (0.25)	−0.15 (0.26)	−0.63ᵃ (0.35)	−0.68ᵃ (0.36)	−0.07 (0.28)	−0.14 (0.29)		

续表

指标		"寒门普通" vs "寒门贵子"					"高门普通" vs "高门贵子"			
		经济型分类		城乡型分类			经济型分类		城乡型分类	
		模型1	模型2	模型1	模型2		模型1	模型2	模型1	模型2
潜在弥补性资源	政府与学校资助	−1.52**(0.58)	−1.71**(0.62)	−0.22(0.35)	−0.14(0.36)		−1.53ᵃ(0.81)	−1.57ᵃ(0.82)	−0.79(0.55)	−0.77(0.55)
	他人资助	−0.23(1.02)	−0.14(1.15)	0.26(0.77)	0.36(0.80)		−0.32(0.27)	−0.34(0.27)	−0.29(0.21)	−0.30(0.22)
潜在民层文化资本	责任感/自律		−0.79ᵃ(0.41)		−0.49*(0.24)			−0.41(0.33)		−0.48ᵃ(0.26)
	自尊		0.48(0.64)		−0.84*(0.40)			−0.33(0.56)		0.01(0.46)
	自控		−0.73(0.51)		−0.09(0.30)			0.33(0.42)		0.18(0.31)
	努力		−0.21ᵃ(0.12)		0.02(0.07)			−0.01(0.11)		−0.12(0.08)
	自我教育期望		0.02(0.09)		−0.02(0.06)			0.17ᵃ(0.10)		0.04(0.07)
其他控制变量	个体、家庭、省市层面	已控制	已控制	已控制	已控制		已控制	已控制	已控制	已控制
	截距项	1.00*(0.39)	1.43**(0.47)	1.76***(0.30)	1.82***(0.32)		1.57***(0.40)	1.65***(0.43)	1.27***(0.22)	1.35***(0.24)
	方差	0.16	0.33	0.42	0.46		0.84	1.01	0.10	0.13
	卡方值	15.51	16.51	31.73	33.65		28.73	30.55	14.15	15.80

注：第一，ᵃ表示 $p<0.1$，*表示 $p<0.05$，**表示 $p<0.01$，***表示 $p<0.001$；第二，出于篇幅可比性考虑，经济型分类和城乡型分类未呈现对中产"贵子"的分析结果。

对于经济弱势的"寒门子弟"来说，政府、学校资助能提高其升入重点学校的概率，是一种弥补性文化资本，但该资源并非"寒门子弟"所独具的，而是能同时助力"高门子弟"提高升入重点学校的机会。"高门子弟"还能从重要他人的学习支持和补习中实现重点学校教育成功。基于城乡分类的农村"寒门子弟"则不存在弥补性资源助力其升入重点学校。政府与学校资助是弥补性资源，只助力经济弱势的"寒门子弟"学生从重点学校中获得。

对于经济弱势的"寒门子弟"来说，学生的责任感/自律和努力能够助力提高其升入重点学校的概率，但对"高门子弟"的重点学校入学机会则没有影响，因而属于底层文化资本。对于农村地区的"寒门子弟"来说，学生的自尊也是底层文化资本，虽然责任感/自律能助力"寒门子弟"提高重点学校升学的概率，但它们并非只会让农村地区的学生获益，城市地区的学生也能获益。因此，学生的责任感/自律、自尊是底层文化资本，前者由经济弱势的"寒门子弟"独占，后者由农村地区的"寒门子弟"独占。

我们通过比较基于经济型、城乡型等不同分类的"寒门子弟"和"寒门贵子"样本构建的模型1和模型2的结果可知，在模型中加入潜在底层文化资本变量后，家庭养育实践的部分指标如学业关怀（城乡型分类）、冲突型亲子交流方式（经济型分类）、弥补性资源如学校和政府资助（经济型分类）的影响效应有显著性凸显、系数变大等变化，这说明底层文化资本，包括责任感/自律、努力等，可能是学业关怀、亲子交流方式、弥补性资源对学生的重点学校教育获得的影响过程中的中介路径，并起遮掩作用，接下来我们进一步展开中介效应模型验证。

三、具有"寒门"特征的文化资本何以实现

我们的中介效应分析结果显示（见表9-5），弥补性资源和底层文化

资本对学生教育获得产生直接影响，不存在中间影响路径。无论是家庭养育实践中的教育期望、冲突型亲子交流，还是弥补性资源如学校与政府资助，都不能通过底层文化资本（责任感/自律、努力）助力经济型"寒门子弟"升入重点学校，学业关怀也不能通过底层文化资本（自尊）助力城乡型"寒门子弟"升入重点学校。由此可见，底层文化资本的中介影响路径没有得到证实。

表9-5 不同类型"寒门子弟"升入重点学校的中介路径因素（底层文化资本）

分类	路径	中介效应估计	Sobel统计量	SE	Sig
经济型	学校与政府资助→责任感/自律→升入重点学校	0.039	0.547	0.071	0.584
	教育期望→责任感/自律→升入重点学校	0.009	0.669	0.014	0.504
	冲突型交流方式→责任感/自律→升入重点学校	−0.008	−0.151	0.056	0.880
	学校与政府资助→努力→升入重点学校	0.125	0.986	0.127	0.324
	教育期望→努力→升入重点学校	−0.005	−0.248	0.018	0.804
	冲突型交流方式→努力→升入重点学校	−0.239	−1.444	0.166	0.149
城乡型	学业关怀→责任感/自律→升入重点学校	−0.001	−0.041	0.023	0.967
	学业关怀→自尊→升入重点学校	0.009	0.352	0.026	0.725

注：所有中介效应模型都控制了全模型中的控制变量，以及其他家庭养育实践变量、"寒门"特征变量。

第五节 研究结论和讨论

本章通过对文化资本相关理论和实证研究的梳理，提炼出中国情境下具有"寒门"特征的潜在弥补性资源和底层文化资本。我们通过描述性统计分析，采用两水平多元Probit模型及其中介效应模型，对是否存在助力"寒门子弟"实现高质量教育获得的弥补性资源和底层文化资本进行了验证，以此尝试对文化再生产理论、文化抵制理论、文化流动理论进行丰富和拓展，在此之上探究"寒门子弟"的社会流动之旅的第一步，即"寒门子弟"升入重点学校并逆流而上成为"贵子"的路径。我们的主要研究发现如下。

第一，只有政府、学校资助是能够助力经济弱势的"寒门子弟"获得更多高质量学校教育机会的弥补性资源，虽然拥有经济优势的"高门子弟"也能通过资助获益，但经济弱势的"寒门子弟"能从中获益更多。潜在弥补性资源非"寒门"特有，且多为"锦上添花"而较少"雪中送炭"。除了政府、学校资助，课外教育补习服务、重要他人的辅导等其他潜在弥补性资源也能助力拥有经济优势的"高门子弟"获得更多升入重点学校的机会，它们对"寒门子弟"则没有作用。所有的潜在弥补性资源对城乡学生提高升入重点学校的概率都没有影响，这意味着想要减少城乡学生教育机会的差异的重点不在于借助"他力"，而在于缩小城乡教育质量差距本身。对于经济弱势的"寒门子弟"来说，弥补性资源（如政府和学校资助对经济弱势的家庭资本的补充）是对文化流动理论的拓展式验证，能填补文化流动理论忽视"寒门子弟"虽然能从精英或中产的文化资本中获益但自身存量禀赋不足的缺陷，证明"寒门子弟"可以借助政府教育部门的奖助机制，从自身存量更多的补充资本中获益。此外，从政策意义上来讲，直接的经济资助能够弥补经济弱势的"寒门"家庭的资本缺失，是提高"寒门子弟"教育获得质量的机会，以及实现教育公平的有效措施。

第二，责任感/自律和努力是只助力经济弱势的"寒门子弟"升入重点学校的底层文化资本，自尊是只助力农村"寒门子弟"的底层文化资本。具体来讲，经济弱势的"寒门子弟"可以通过提高自己的责任感/自律、努力程度，农村地区的"寒门子弟"可以通过提高自尊水平，来获得更多高质量教育的机会，提高实现向上流动的概率，减少与优势阶层的高质量教育获得的差异。我们对底层文化资本的验证填补了用文化抵制理论来考察

"循规者"向上流动路径的缺陷，但也说明"寒门子弟"想要实现学业成功，有赖于"寒门子弟"自身具备的责任感、努力、强自尊等特质，而如何培养这些特质需要更多研究者加以探究。

第三，具有"寒门"特征的弥补性资源和底层文化资本直接作用于提高"寒门子弟"升入重点学校的机会，其中，底层文化资本是个人特质，并不能通过"寒门"家庭的养育实践或弥补性资源的激励获得。该研究结论与程猛、余秀兰、熊和妮等的研究结论并不一致（熊和妮和王晓芳，2018；曾东霞，2019；余秀兰，2006，2020；程猛，2016，2018）。弥补性资源依赖于教育系统能够落实精准教育扶贫政策，而底层文化资本的积累可能也需要从对家庭养育环境的依赖，转向获得正规学校教育系统的支持，如开发专门针对"寒门子弟"底层文化资本积累的课后服务课程，或从本研究还未验证的其他路径获得。

第十章 结论

第一节 主要研究结论和建议

无论是2003年安妮特·拉鲁的《不平等的童年》、2017年罗伯特·帕特南的《我们的孩子》，还是2019年马赛厄斯·德普克和法布里奇奥·齐利博蒂的《爱、金钱和孩子：育儿经济学》，都向我们展示，世界各地不同阶层家庭对子女的金钱、时间和感情投入均存在较大差异。中上阶层的父母能够利用阶层优势为子女购买更多的教育服务和教育资源，有更多的时间陪伴子女、参加子女的教育活动，并且有更丰富的养育经验，能投入更多的情感为子女营造好的养育氛围，能采取更有益于子女发展的家庭教养方式。家庭教育投入的差异由此成为家庭背景影响子女教育成就的路径，家庭教育投入的阶层差异似乎成为阶层之间不可逾越的鸿沟。然而，当我们想要去分析家庭教育投入是不是阶层固化或社会流动中关键的一环时，我们除了需要分析家庭教育投入的阶层差异，还需要分析不同家庭教育投入对学生发展的影响：如果更多依赖家庭经济基础的经济投入对学生发展的影响更大，则通过改变家庭背景来提高弱势阶层学生群体的学业表现并不现实；若时间投入、情感投入对不同阶层群体来说差异不大，并且弱势阶层群体能够通过传媒、指导进行学习的家庭教育投入类型对学生发展的影响更大，那么引导弱势阶层群体改变时间投入、情感投入的具体方式会成为促进代际流动、实现教育公平的重要措施。基于上述考量，本书使用全国家庭教育追踪调查数据等，旨在探究不同家庭教育投入对学生发展的直接、中介、异质性影响，尝试挖掘经济投入、时间投入、情感投入对不同学生群体的直接和中介影响以及影响的大小。本书除了试图为不同阶层家庭作出理性家庭教育投入的决策提供参考依据外，也尝试挖掘"寒门也能出贵子"的内在机制，为实现教育公平政策提供实证依据。

一、主要研究结论

本书得出以下研究结论。

第一，作为家庭教育经济投入的关键维度，课外补习对九年级学生的学业成绩有积极的影响，对七年级学生的学业成绩没有影响，但它对不同学生群体存在显著的异质性影响，即中产阶层以上家庭的学生虽然有更多机会参与课外补习，但并不能从课外补习中获益，而弱势学生群体一旦有机会参与课外补习，反而能从课外补习中获益更多。具体来说，一方面，中产阶层家庭的学生群体从课外补习中获益更多。对于七年级和九年级学生，家庭经济水平中等、父母受教育和职业地位处于中间水平的中产阶层家庭学生参与课外补习的可能性较大，且可能从参加课外补习中获益更多，即课外补习对参加课外补习可能性处于 [0.45, 0.55) 的中间水平的学生群体的认知能力有显著的提高作用。另一方面，较少有机会参加课外补习的九年级弱势学生群体如果有机会参加课外补习，那么能从中获益更多。对九年级学生来说，课外补习对较少可能参与课外补习的学生群体的认知能力也有显著的正向提高作用。

第二，作为家庭教育时间投入的主要维度，父母参与的不同指标对中学生认知能力的影响效应不同。其中，家庭内亲子生活陪伴、家庭外家校沟通交流、认识子女朋友的数量对学生的认知能力有显著的积极影响，但家庭内的亲子交流、亲子文化陪伴，家庭外的参加家长会、认识朋友父母的数量对学生的认知能力没有影响，且父母监督对学生的认知能力有负向预测作用。家庭内外的父母参与并未对不同年级初中生的认知能力有显著的异质性影响。这说明社会资本虽然对不同学段的学生的影响存在差异，但对同一学段不同年级的学生的影响效应不存在差异。

第三，作为家庭教育情感投入的核心维度，家庭教养方式对学生的学业表现、心理健康以及问题行为等有显著影响。权威型教养方式家庭的学生的学业表现更优异，问题行为更少；专制型家庭的学生的心理健康问题更严重；宽容型家庭的学生的问题行为更少。家庭教养方式存在阶层差异、城乡差异，其中城市地区、优势阶层的家庭更有可能采用权威型或宽容型教养方式，然而教养方式对不同学生群体各方面发展不存在阶层和城乡的异质性影响，因此，我国还未从养育差异完全陷入不可逆的"养育陷阱"。

第四，父母的经济投入和时间投入之间有互补关系。亲子陪伴、亲子活动、亲子监督与学生是否参加课外补习是正相关关系，即父母送子女参加课外补习可能补充或增强亲子陪伴、亲子活动和亲子监督行为对子女发展的影响。选择送子女去参加课外补习的父母的父母参与强度也更大，这说明父母并不是因为没有时间陪伴子女而把子女送去参加课外补习，事实上，校外补习参与和家庭父母参与是父母为了提高子女的教育竞争力而采取的高频率高消费的家庭教育投入组合。父母参与对学生学业成绩的影响大于课外补习参与，课外补习参与会削弱亲子交流、亲子活动和亲子监督频率提高对学生学业成绩的积极影响，但会增强家校沟通对学生学业成绩的积极影响。由此可见，课外补习存在削弱部分父母参与行为的积极作用的可能性。

第五，家庭教育时间投入、情感投入是学生发展的主因，对学生发展的影响大于家庭经济投入。亲子交流、亲子陪伴等父母参与对学生成绩差异的解释率最高，养育氛围次之，课外补习最低。不同阶层初中生群体通过家庭教育投入实现学业和心理健康发展的路径存在差异。对于优势阶层而言，父母教育期望是家庭背景对子女的学业表现和心理健康产生积极影响的重要中介路径；对于中等阶层来说，基础性教育支出、亲子交流是家庭背景对子女的学业表现和心理健康产生积极影响的重要中介路径；对于弱势阶层来说，亲子交流和亲子陪伴是家庭背景对子女的学业成绩和心理健康产生积极影响的重要中介路径，也是弱势阶层家庭的学生群体提高学业表现，突破家庭背景藩篱，实现阶层流动的关键。

第六，只有父母与子女保持一致高的教育期望，家庭社会资本才能通过频繁的亲子交流、亲子陪伴实现有效传递，"望子成龙"才有可能美梦成真。如果学生和父母的教育期望存在差异，则家庭社会资本不能通过亲子交流和亲子陪伴等行为有效传递。学生的自我高教育期望对学生学业表现的正效应会因父母低教育期望导致的低落学习动机和消极学习行为而被削弱；父母的高教育期望如果对子女直接产生压力，那么在遇上子女的低教育期望时，后者可能因逆反情绪将社会资本视为一种约束从而摆烂，最终演变为父母"恨铁不成钢"心态的出现。

第七，"寒门子弟"想要获得较高质量的教育资源可通过两条途径：一是政府、学校提高对经济弱势学生群体的资助力度，助力"寒门子弟"获得更多升入高质量学校的机会；二是有关部门开展专门的课程或课后服务活动，培养"寒门子弟"的责任感/自律、努力和自尊等优良品德，助力"寒门子弟"获得更多接受高质量教育的机会，提高其向上流动的概率。

二、主要建议

第一，理性选择家庭教育投入。父母应当充分认识并重视父母参与、养育氛围、家庭教养方式等时间和情感投入的重要性。时间投入和情感投入对学生发展的影响大于经济投入，并且能够通过家庭教育指导手册或网络媒体学习，还能适时进行调整。当然，父母不仅要"参与"子女的日常生活、情感交流，懂得如何营造养育氛围和选择教养方式，还应该"会参与"和"会营造"，重视对子女的生活陪伴和学习陪伴，及时与子女的老师、朋友沟通交流子女的日常表现和心理变化。父母应当养成阅读的好习惯，通过自身行为树立勤奋自律的形象，对子女产生潜移默化的影响。父母需要通过指导掌握与孩子交流的技能，需要向教师请教合理的辅导方法，在辅导孩子时要注重检查而减少带有情绪的辅导，避免教育方法与教师相冲突或方法不当导致阻碍孩子的进步。

父母应当减少不必要的影子教育消费。课外补习对大部分学生群体都没有显著的影响。九年级弱势学生群体虽然能从参加课外补习中获益更多，但其参加课外补习的概率最小，成本和收益之间不成正比，并且若父母参与的有效行为与课外补习同时展开，则会削弱彼此对学生学业成绩的积极影响。情感投入、时间投入等受到政策冲击的影响较小，对子女教育则发挥隐蔽且持续的作用，这种作用大于物质和金钱投入的作用，由此可见，亲子交流、亲子活动等父母参与行为可以替代家庭教育经济投入，对子女的发展产生长远的积极影响。

第二，提高家校沟通质量，助力父母参与作用的发挥。父母及时且有技巧地与学校教师沟通交流除了能有效知悉子女在学校的行为表现、了解子女的心理状态，还能在与教师交流信息时促进双方进行反思、总结，推动教育方法和教育观念的更新。父母的积极参与行为让学生和教师都认识到家长对子女教育的重视，从而有利于子女规避不良行为和表现，并且使教师规避不恰当的教学行为方式，最终助力子女成长。作为家校合作的主导方，学校和教师也需要承担起组织规范有效的活动的责任，向家长反馈学生的学业表现、日常行为、身心状态变化，重视家长和学生的教育诉求，引导提高学生父母参与教育活动的积极性和主动性。

第三，弱势阶层家庭的父母应理性选择时间投入，助力子女教育。弱势阶层家庭的父母，如经济困难、受教育程度低、职业地位不高、居住在农村偏远地区等，若囿于经济、时间和能力不足等客观条件，存在诸多"有心无力"的情况，不能给予孩子较好的教育资源，则可以选择通过日常生活陪伴、交流沟通、情感支持、与子女周围重要人物的互动，更好地了解子女，并将对子女的学习期望传递给子女，鼓励、帮助后者在学业上取得成功，减少心理和行为问题，缩小与优势阶层子女的学业成绩差距。此外，对于"无力"改变目前父母参与行为、情感投入的弱势阶层和农村家庭的父母，学校和政府等需要采取干预措施，如进一步完善家庭教育指导政策服务，健全学校家庭社会协同育人机制，推进和加强家庭教育与合理家庭教养方式的宣传指导。政府应强化再分配的调节作用，通过转移支付和提供社会公共服务等方式为农村弱势家庭提供有针对性的家庭教育指导。

第四，课外补习需要严格监管但不能完全禁止。课外补习是市场体制下因大众需求而滋生的产物。虽然家长自由选择影子教育参与会对学校教育质量和教育公平产生冲击，但一味禁止这种行为并不现实。韩国禁止私人补习政策导致的补习规模和成本越"禁"越高的经验也告诉我们，禁止并不能有效控制影子教育市场。为了削弱影子教育对学校教育质量和教育公平的负面影响，政府有必要采取某些措施，管控影子教育对教育公平政策的冲击，切实推进义务教育公平和社会平等。教育行政部门要意识到课外补习具有存在的意义，因此既不能采取严厉禁止的政策，又不能完全采取放任自流和积极鼓励的政策，需要采取疏导和监管并重的政策。

第五，不同阶层的父母需要采取不同的家庭教育投入方式，助力子女取得教育成功。优势阶层家庭主要通过提高父母的教育期望、营造好的养育氛围来提高子女的学业表现。中产阶层家庭主要通过为子女支付更多的基础教育费用、选择又好又贵的学校并常与子女交流沟通来提高子女的成绩，以及改善后者的心理状况。弱势阶层家庭的父母则可以通过对子女的陪伴和交流沟通，甚至通过有意识地培养自己的阅读习惯等方式来影响子女，促进子女的发展。

第二节　主要贡献和不足

一、主要贡献

第一，本书拓展了家庭教育投入的内涵和分析维度，并将不同家庭教育投入维度纳入同一研究框架。家庭教育投入分为货币性投入和非货币性投入。其中，货币性投入包含基础性、扩展性和选择性教育支出三类。基础性教育支出包括学费、书本费、住宿费等；扩展性教育支出包括文化课程类补习费，以及课外书、学习用品与电子产品费用等物化形态的文化资本；选择性教育支出包括择校费和赞助费等。非货币性投入包含内隐的情感投入和外显的时间投入。内隐的情感投入主要指非直接的、环境氛围下内在的和心理上的投入，如家庭教养方式、家庭学习环境和养育氛围等。外显的时间投入主要指父母参与子女的生活和教育的行为，包括亲子监督、亲子陪伴、亲子交流、家校沟通、学校活动参与等。

第二，本书基于科尔曼的社会资本理论和教育经济学中的投入与产出理论，探究不同家庭教育投入形式对学生发展的直接影响、影响大小和联合作用机制。我们的主要发现有两点：一是相较于经济投入，父母的时间投入是影响子女学业发展的主因。具体来看，家庭内部的部分社会资本、文化资本、周末课外补习对青少年的学业成绩有积极影响，社会资本中基于家庭的父母参与（如亲子交流、亲子陪伴、阅读）对青少年的学业成绩的解释率最大，而影子教育的解释率最小，并且工作日课外补习有显著的负向影响。二是家庭同时进行时间投入和经济投入时，经济投入（如为课外补习付费）会削弱时间投入（如父母参与）对学生发展的积极影响。

第三，本书基于威斯康星理论、家庭资本理论，分析家庭教育投入在不同阶层家庭的家庭背景影响学生发展过程中的中介作用和作用大小，探究弱势阶层家庭如何通过理性的家庭教育投入帮助子女提高学业表现，实现阶层流动。我们的主要发现有两点：一是父母的教育期望是优势阶层家庭背景对学生学业和心理健康产生影响的重要路径；基础性教育支出、亲子交流是中等阶层家庭影响学生的重要路径；亲子交流和亲子陪伴是弱势阶层家庭影响学生的关键途径，是弱势阶层家庭的学生冲破家庭背景藩篱，获得高质量教育成就和就学机会，实现阶层流动的关键。二是只有父母与子女具有一致的高教育期望时，家庭社会资本才能通过频繁的亲子交流和亲子陪伴实现有效传递。当父母和子女教育期望不一致时，高教育期望的作用会因父母的低教育期望带来的社会资本缺失或学生的低教育期望导致的社会资本不能有效传递而被削弱。

第四，本书基于文化流动理论和文化抵制理论在中国情境下的拓展，通过量化研究，探究弥补性资源和底层文化资本两类具有"寒门"特征的资本是否存在，及其对"寒门子弟"教育获得的影响。我们的主要发现有三点：一是学生责任感／自律、自尊是底层文化资本，前者只助力经济弱势的"寒门子弟"升入重点学校，后者只助力农村地区的"寒门子弟"升入重点学校。二是来自政府、学校的资助是典型的弥补性资源，只能助力基于经济分类的"寒门子弟"提高升入重点学校的概率，但其并非"寒门子弟"独有的，其同样能助力"高门子弟"成为"高门贵子"。三是弥补性资源、底层文化资本等具有"寒门"特征的资本对"寒门子弟"升入重点学校的机会产生了直接的影响，但并不存在"寒门"家庭养育实践促进底层文化资本或弥补性资源的形成，从而助力"寒门子弟"获得高质量教育的其他路径。

本书的学术价值和社会经济意义体现在以下三个方面。

第一，家庭层面。本书有助于让家长认识到父母参与子女教育、营造良好家庭教育氛围的重要性，以避免对影子教育的盲目消费；引导家长进行非货币性和货币性投入的合理组合，指导家庭教育实践，构建最优的家庭教育模式，从而有助于学生的健康成长，减轻家庭养育焦虑。

第二，社会层面。本书通过家庭教育投入研究，打开了家庭背景影响学生发展的"黑箱"，着重分析非货币性的时间投入和情感投入的影响，揭开了弱势阶层和贫困家庭子女向上流动的机制，有助于教育政策的制定和实施，推进教育公平的实现。

第三，学术方面。本书的研究成果将成为家庭教育投入与产出、影子教育、父母参与、学生发展影响因素等研究领域的有意义的参考文献。同时，本书也可作为家庭教育、影子教育、教育公平等相关政策和评价的实证参考文本。

二、主要不足

第一，本书囿于数据资源限制，在分析家庭教育经济投入、时间投入、情感投入的作用大小及其联合作用机制时，在家庭教育经济投入、时间投入、情感投入等维度中只能选择有限的代表性指标变量进行分析。然而经济投入中的择校费和赞助费等选择性教育支出，以及情感投入中的更多学习环境和教育氛围营造等变量需要更丰富的数据资源提供支持。

第二，本书在以课外补习为经济投入的研究中虽然采用了 SM 方法、倾向得分匹配方法等，以期部分解决内生性问题，但不同学生群体不仅在是否参加课外补习上存在显著差异，而且在所接受的课外补习的质量和数量上存在差异，此外，不同数量和质量的课外补习对学生能力的影响也存在差异。本研究并没有对学生接受的课外补习的质量和数量进行进一步区分，这有待后续研究深入探讨。

第三，本书在分析父母参与的中介作用，以及探究父母与子女教育期望的差异和一致性的直接和间接影响效应的过程中存在以下不足：一是可能存在未观察到的遗漏变量导致的内生性问题；二是除了亲子交流和亲子陪伴，还有其他父母参与、情感投入等传递路径的可能性；三是除了学业表现，我们还需要关注父母参与对心理健康、问题行为、认知和非认知能力的影响。

第四，本书在进行"寒门子弟"逆流而上获得高质量教育的研究时存在以下不足：一是对具有"寒门"特征的文化资本指标的选取大多基于质性研究基础，囿于数据可得性，具体的指标选取在精准性和全面性上有待提高；二是具有"寒门"特征的弥补性资源和底层文化资本对学生教育获得的影响和相关路径错综复杂，可能还存在有待研究的其他影响路径；三是我们只探究了弥补性资源和底层文化资本对"寒门子弟"获得重点初中教育机会的影响，而它们对重点高中和精英高校入学机会的影响，还有待更丰富的后续研究进行补充和验证。

第五，本书还存在未对学生个体学习行为和投入进行控制，不同省份命题和考试难度差异可能带来偏误，未对选择性教育支出进行控制等不足。我们期待未来能够基于更全面的数据库，开展更严谨、更丰富的实证研究，去验证和拓展家庭教育投入的直接和中介路径。

参考文献

Agasisti, T., Longobardi, S. Inequality in education: Can Italian disadvantaged students close the gap?[J]. Journal of Behavioral and Experimental Economics, 2014(52):8-20.

Andres, L., Adamuti-Trache, M., Yoon, E. S., et al. Educational expectations, parental social class, gender, and postsecondary attainment: A 10-year perspective[J]. Youth and Society, 2007(2):135-163.

Aschaffenburg, K., Maas, I. Cultural and educational careers: The dynamics of social reproduction[J]. American Sociological Review, 1997(4):573-587.

Baker, D., LeTendre, G. K. National differences, global similarities: World culture and the future of schooling[M]. Redwood City: Stanford University Press, 2005.

Bandura, A. Self-efficacy: The exercise of control[M]. New York: W. H. Freeman, 1997.

Barón, J. D., Cobb-Clark, D. A. Are young people's educational outcomes linked to their sense of control?[J]. Borradores de Economia, 2010(89):1-16.

Baumrind, D. Child care practices anteceding three patterns of preschool behavior[J]. Genetic Psychology Monographs, 1965(1):43-88.

Baumrind, D. The influence of parenting style on adolescent competence and substance abuse[J]. Journal of Early Adolescence, 1991(1):56-95.

Becker, G. S. Investment in human capital: A theoretical analysis[J]. Journal of Political Economy, 1962(5):9-49.

Björklund, A., Salvanes, K. G. Education and family background: Mechanisms and policies[M]//Handbook of the Economics of Education. Amsterdam: Elsevier, 2011.

Blau, P. M., Duncan, O. D. The American occupational structure[M]. New York: John Wiley and Sons, 1967.

Bourdieu, P. The forms of capital[M]. Handbook of theory and research for the sociology of education. The Power Broker: Robert Moses and the Fall of New York, 1986.

Bourdieu, P., Passeron, J. C. Reproduction in education, society and culture (2nd ed.)[M]. London: Sage Publications, Inc., 1990.

Bozick, R., Alexander, K., Entwisle, D., et al. Framing the future: Revisiting the place of educational expectations in status attainment[J]. Social Force, 2010(5):2027-2052.

Brand, J. E, Pfeffer, F. T., Goldrick-Rab, S. The community college effect revisited: The importance of attending to heterogeneity and complex counterfactuals[J]. Sociological Science, 2014(11):448.

Brand, J. E., Xie, Y. Who benefits most from college? Evidence for negative selection in heterogeneous economic returns to higher education[J]. American Sociological Review, 2010(2):273-302.

Bray T. M. The shadow education system: Private tutoring and its implications for planners[R]. UNESCO International Institute for Educational Planning, 1999.

Bray, M. Adverse effects of private supplementary tutoring: Dimensions, implications and government responses[R]. UNESCO International Institute for Educational Planning, 2003.

Bray, M. The impact of shadow education on student academic achievement: Why the research is inconclusive and what can be done about it[J]. Asia Pacific Education Review, 2014(3):381-389.

Bray, M., Zhan, S., Lykins, C., et al. Differentiated demand for private supplementary tutoring: Patterns and implications in Hong Kong secondary education[J]. Economics of Education Review, 2014(38):24-37.

Breen, R., Goldthorpe, J. Explaining educational differentials: Towards a formal rational action theory[J]. Rationality and Society, 1997(3):275-305.

Bryk, A. S., Raudenbush, S. W. Hierarchical linear models: Applications and data analysis methods[M]. London: Sage Publications, Inc., 1992.

Buchmann, C. Getting ahead in Kenya: Social capital, shadow education, and achievement[J]. Schooling and Social Capital in Diverse Cultures, 2002(13):133-159.

Calarco, J. M. "I need help!" social class and children's help-seeking in elementary school[J]. American Sociological Review, 2011(6):862-882.

Campbell, R. T. Status attainment research: End of the beginning or beginning of the end?[J]. Sociology of Education, 1983(1):47-62.

Carbonaro, W. J. A little help from my friend's parents: Intergenerational closure and educational outcomes[J]. Sociology of Education, 1998(4):295-313.

Chao, R. K. Beyond parental control and authoritarian parenting style: Understanding Chinese parenting through the cultural notion of training[J]. Child Development, 1994(4):1111-1119.

Chen, X., Dong, Q., Zhou, H. Authoritative and authoritarian parenting practices and social and school performance in Chinese children[J]. International Journal of Behavioral Development, 1997(4):855-873.

Cheo, R., Quah, E. Mothers, maids and tutors: An empirical evaluation of their effect on children's academic grades in Singapore[J]. Education Economics, 2005(3): 269-285.

Chin, T., Phillips, M. Social reproduction and child-rearing practices: Social class, children's agency, and the summer activity gap[J]. Sociology of Education, 2004(3):185-210.

Choi, Y., Park, H. Shadow education and educational inequality in South Korea: Examining effect heterogeneity of shadow education on middle school seniors' achievement test scores[J]. Research in Social Stratification and Mobility, 2016(6): 22-32.

Coleman, J. S. Equality of educational opportunity[M]. Washington, D.C.: National Center for Educational Statistics, 1966.

Coleman, J. S. Foundations of Social Theory[M]. Cambridge: Harvard University Press, 1990.

Coleman, J. S. Parental involvement in education[J]. Policy Perspectives Series,

1991(6):13-16.

Coleman, J. S. Social capital in the creation of human capital[J]. American Journal of Sociology, 1988(94): 95-120.

Coleman, J. S., Hoffer, T., Kilgoce, S. High school achievement: Public, Catholic, and private schools compared[M]. New York: Basic Books, 1982.

Condron, D. J. Social class, school and non-school environments, and black/white inequalities in children's learning[J]. American Sociological Review, 2009(5): 685-708.

Dang, H. A. The determinants and impact of private tutoring classes in Vietnam[J]. Economics of Education Review, 2007(6):683-698.

Dang, H. A., Rogers, F. H. The growing phenomenon of private tutoring: Does it deepen human capital, widen inequalities, or waste resources?[J]. The World Bank Research Observer, 2008(2):161-200.

Darling, N., Steinberg, L. Parenting style as context: An integrative model[J]. Psychological Bulletin, 1993(3):487.

Davis-Kean, P. E. The influence of parent education and family income on child achievement: The indirect role of parental expectations and the home environment[J]. Journal of Family Psychology, 2005(2):294-304.

De Civita, M., Pagani, L., Vitaro, F., et al. The role of maternal educational aspirations in mediating the risk of income source on academic failure in children from persistently poor families[J]. Children and Youth Services Review, 2004(8):749-769.

De Graaf, N. D., De Graaf, P. M., Kraaykamp, G. Parental cultural capital and educational attainment in the Netherlands: A refinement of the cultural capital perspective[J]. Sociology of Education, 2000(2):92-111.

DiMaggio, P. Cultural capital and school success: The impact of status culture participation on the grades of U.S. high school students[J]. American Sociological Review, 1982(2):189-201.

DiMaggio, P., Mohr, J. Cultural capital, educational attainment, and marital selection[J].

American Journal of Sociology, 1985(6):1231-1261.

Doepke, M., Fabrizio, Z. Love, money, and parenting: How economics explains the way we raise our kids[M]. New Jersey: Princeton University Press, 2019.

Duckworth, A. L., Seligman, M. E. P. Self-Discipline outdoes IQ in predicting academic performance of adolescents[J]. Psychological Science, 2005(12):939-944.

Dumais, S. A. Early childhood cultural capital, parental habitus, and teachers' perceptions[J]. Poetics, 2006(2):83-107.

Dyk, P. H., Wilson, S. M. Family-based social capital considerations as predictors of attainments among appalachian youth[J]. Sociological Inquiry, 1999(3):477-503.

Enders, C. K., Tofighi, D. Centering predictor variables in cross-sectional multilevel models: A new look at an old issue[J]. Psychological Methods, 2007(2):121-138.

Entrich, S. R. Effects of investments in out-of-school education in Germany and Japan[J]. Contemporary Japan, 2014(1) 71-102.

Epstein, J. L. Parent involvement: What research says to administrators[J]. Education and Urban Society, 1978(2):119-136.

Epstein, J. L. School, family, and community partnerships: Preparing educators and improving schools[M]. New York: Routledge, 2018.

Erikson, E. H. Identity: Youth and Crisis (No. 7)[M]. New York: WW Norton and Company, 1994.

Fan, X., Chen, M. Parental involvement and students' academic achievement: A meta-analysis[J]. Educational Psychology Review, 2001(1):1-22.

Fasang, A. E., Mangino, W., Brückner, H. Social closure and educational attainment[J]. Sociological Forum, 2014(1):137-164.

Fernandes, J. V. From the theories of social and cultural reproduction to the theory of resistance[J]. British Journal of Sociology of Education, 1988(2):169-180.

Goodman, A., Gregg, P. Poorer children's educational attainment: How important are attitudes and behaviour?[M]. New York: Joseph Rowntree Foundation, 2010.

Goyette, K. A., Conchas, G. Q. Family and non-family roots of social capital among Vietnamese and Mexican American children[M]//Schooling and social capital in diverse cultures. Wellington: Emerald Group Publishing Limited, 2002.

Goyette, K., Xie, Y. Educational expectations of Asian American youths: Determinants and ethnic differences[J]. Sociology of Education, 1999(1):22-36.

Grolnick, W. S., Slowiaczek, M. L. Parents' involvement in children's schooling: A multidimensional conceptualization and motivational model[J]. Child Development, 1994(1):237-252.

Guill, K., Bos, W. Effectiveness of private tutoring in mathematics with regard to subjective and objective indicators of academic achievement: Evidence from a German secondary school sample[J]. Journal for Educational Research Online, 2014(1):34-67.

Hao, L., Bonstead-Bruns, M. Parent-child differences in educational expectations and the academic achievement of immigrant and native students[J]. Sociology of Education, 1998(3):175-198.

Hill, N.E., Tyson, D. F. Parental involvement in middle school: A meta analytic assessment of the strategies that promote achievement[J]. Developmental Psychology, 2009(3):740-763.

Ho, E. S. Educational leadership for parental involvement in an Asian context: Insights from Bourdieu's theory of practice[J]. School Community Journal, 2009(2):101-122.

Ho, E. S., Willms, J. D. Effects of parental involvement on eighth-grade achievement[J]. Sociology of Education, 1996(2):126-141.

Hsin, A., Xie, Y. Life-course changes in the mediation of cognitive and non-cognitive skills for parental effects on children's academic achievement[J]. Social Science Research, 2017(3):150-165.

Israel, G. D., Beaulieu, L. J., Hartless, G. The influence of family and community social capital on educational achievement[J]. Rural Sociology, 2001(1):43-68.

Jacob, B. A., Wilder, T. Educational expectations and attainment (No. w15683)[R]. National Bureau of Economic Research. New York: Russell Sage Press, 2010.

Jager, M. M., Holm, A. Does parents' economic, cultural, and social capital explain the social class effect on educational attainment in the Scandinavian mobility regime?[J]. Social Science Research, 2007(2):719-744.

Kerckhoff, A. C. On the social psychology of social mobility processes[J]. Social Forces, 1989(1):17-25.

Kim, D. H., Schneider, B. Social capital in action: Alignment of parental support in adolescents' transition to postsecondary education[J]. Social Forces, 2005(2):1181-1206.

Kim, So, Lee, J. H. Private tutoring and demand for Education in South Korea [J]. Economic Development and Cultural change, 2010(2):259-296.

Kim, S., Lee, J. H. Demand for education and developmental state: Private tutoring in South Korea[R]. Labor: Human Capital, 2001.

Kisida, B., Greene, J. P., Bowen, D. H. Creating cultural consumers: The dynamics of cultural capital acquisition[J]. Sociology of Education, 2014(4):281-295.

Lamborn, S. D., Mounts, N. S., Steinberg, L., et al. Patterns of competence and adjustment among adolescents from authoritative, authoritarian, indulgent, and neglectful families[J]. Child Development, 1991(5):1049-1065.

Lareau, A. Unequal childhoods: Class, race, and family life[M]. Berkeley: University of California Press, 2003.

Lareau, A., Cox, A. Social class and the transition to adulthood[J]. Social Class and Changing Families in an Unequal America, 2011(1): 134-164.

Lareau, A., Weininger, E. B. Cultural capital in educational research: A critical assessment[J]. Theory and Society, 2003(5-6):567-606.

Leibowitz, A. Parental inputs and children's achievement[J]. The Journal of Human Resources, 1977(2):242-251.

Liu, A., Xie, Y. Influences of monetary and non-monetary family resources on children's development in verbal ability in China[J]. Research in Social Stratification and Mobility, 2015(40):59-70.

Liu, Y. Meritocracy and the Gaokao: A survey study of higher education selection and socio-economic participation in East China[J]. British Journal of Sociology of Education, 2013(5-6):868-887.

Maccoby, E. E., Martin, J. A. Socialization in the context of the family: Parent-child interaction[M]. In: P. H. Mussen, (Ed.), Handbook of Child Psychology (4th edition). New York: John Wiley and Sons, 1983.

Macher, D., Paechter, M., Papousek, I., et al. Statistics anxiety, trait anxiety, learning behavior, and academic performance[J]. European Journal of Psychology of Education, 2012(4):483-498.

Markus, H., Nurius, P. Possible Selves[J]. American Psychologist, 1986(9):954-969.

Matsuoka, R. School socioeconomic compositional effect on shadow education participation: Evidence from Japan[J]. British Journal of Sociology of Education, 2015(2):270-290.

McNeal, R. B. Parental involvement as social capital: Differential effectiveness on science achievement, truancy, and dropping out[J]. Social Forces, 1999(1):117-144.

Mincer, J. A. Schooling, experience, and earnings[R]. NBER Working Paper, 1974.

Morgan, S. L., Sørensen, A. B. Parental networks, social closure, and mathematics learning: A test of Coleman's social capital explanation of school effects[J]. American Sociological Review, 1999(5):661-681.

Morgan, S. L., Todd, J. J. Intergenerational closure and academic achievement in high school: A new evaluation of Coleman's conjecture[J]. Sociology of Education, 2009(3):267-286.

Muller, C., Ellison, C. G. Religious involvement, social capital, and adolescents' academic progress: Evidence from the national education longitudinal study of 1988[J]. Sociological Focus,

2001(2):155-183.

Parcel, T. L., Dufur, M. J. Capital at home and at school: Effects on student achievement[J]. Social Forces, 2001(3):881-911.

Park, H., Behrman, J. R., Choi, J. Causal effects of single-sex schools on college entrance exams and college attendance: Random assignment in Seoul high schools[J]. Demography, 2013(2):447-469.

Park, H., Buchmann, C., Choi, J., Merry, J. J. Learning beyond the school walls: Trends and implications[J]. Annual Review of Sociology, 2016(1):231-252.

Park, S., Holloway, S. D. The effects of school-based parental involvement on academic achievement at the child and elementary school level: A longitudinal study[J]. The Journal of Educational Research, 2017(1):1-16.

Perna, L. W., Titus, M. A. The relationship between parental involvement as social capital and college enrollment: An examination of racial/ethnic group differences[J]. The Journal of Higher Education, 2005(5):485-518.

Piatek, R., Pinger, P. Maintaining (locus of) control? Data combination for the identification and inference of factor structure models[J]. Journal of Applied Econometrics, 2016(4):734-755.

Pong, S., Hao, L., Gardner, E. The roles of parenting styles and social capital in the school performance of immigrant Asian and Hispanic adolescents[J]. Social Science Quarterly, 2005(4):928-950.

Roksa, J., Potter, D. Parenting and academic achievement: Intergenerational transmission of educational advantage[J]. Sociology of Education, 2011(4):299-321.

Rutherford, T. Emotional well-being and discrepancies between child and parent educational expectations and aspirations in middle and high school[J]. International Journal of Adolescence and Youth, 2015(1):69-85.

Schreiber, J. B., Griffin, B. W. Review of multilevel modeling and multilevel studies in the journal of educational research (1992-2002)[J]. The Journal of Educational Research, 2004(1):

24-33.

Sears, R. R., Maccoby, E. E., Levin, H. Patterns of child rearing[J]. Pediatrics, 1957(1):166.

Seginer, R. Parents' educational expectations and children's academic achievements: A literature review[J]. Merrill-Palmer Quarterly, 1983(1):1-23.

Sewell, W. H., Hauser, R. M. The Wisconsin longitudinal study of social and psychological factors in aspirations and achievements[J]. Research in Sociology of Education and Socialization, 1980(1):59-100.

Sewell, W. H., Hauser, R. M., Springer, K. W., et al. As we age: A review of the Wisconsin longitudinal study, 1957-2001[J]. Research in Social Stratification and Mobility, 2003(20):3-111.

Sewell, W. H., Shah, V. P. Social class, parental encouragement, and educational aspirations[J]. American Journal of Sociology, 1968(5):559-572.

Smith, T. E. The case for parental transmission of educational goals: The importance of accurate offspring predictions[J]. Journal of Marriage and the Family, 1982(3):661.

Smyth, E. Buying your way into college? Private tuition and the transition to higher education in Ireland[J]. Oxford Review of Education, 2009(1):1-22.

Smyth, E. The more, the better? Intensity of involvement in private tuition and examination performance[J]. Educational Research and Evaluation, 2008(5):465-476.

Song, K. O., Park, J., Sang, K. A. A cross-national analysis of the student-and school-level factors affecting the demand for private tutoring[J]. Asia Pacific Education Review, 2013(2):125-139.

Spera, C. A review of the relationship among parenting practices, parenting styles, and adolescent school achievement[J]. Educational Psychology Review, 2005(2):125-146.

Stevenson, D., Baker, D. Shadow education and allocation in formal schooling: Transition to university in Japan[J]. American Journal of Sociology, 1992(6):1639-1657.

Sullivan, A. Cultural capital and educational attainment[J]. Sociology, 2001(4):893-912.

Sun, Y. The academic success of East-Asian-American students — An investment model [J]. Social Science Research, 1998(4):432-456.

Tansel, A., Bircan, F. Demand for education in Turkey: A tobit analysis of private tutoring expenditures[J]. Economics of Education Review, 2006(3):303-313.

Wang, H. The relationship between parenting styles and academic and behavioral adjustment among urban Chinese adolescents[J]. Chinese Sociological Review, 2014(4):19-40.

Wang, Y., Benner, A. D. Parent-child discrepancies in educational expectations: Differential effects of actual versus perceived discrepancies[J]. Child Development, 2014(3):891-900.

Willis, P. Learning to labour: How working class kids get working class work[M]. New York: Columbia University Press, 1981.

Wright, J. P., Cullen, F. T., Miller, J. T. Family social capital and delinquent involvement[J]. Journal of Criminal Justice, 2001(1):1-9.

Wu, Y. Cultural capital, the state, and educational inequality in China, 1949-1996[J]. Sociological Perspectives, 2008(1):201-227.

Yamamoto, Y., Holloway, S. D. Parental expectations and children's academic performance in sociocultural context[J]. Educational Psychology Review, 2010(3):189-284.

Zhan, M., Sherraden, M. Assets and liabilities, educational expectations, and children's college degree attainment[J]. Children and Youth Services Review, 2011(6):846-854.

Zhang, W., Bray, M. Micro-neoliberalism in China: Public-private interactions at the confluence of mainstream and shadow education[J]. Journal of Education Policy, 2016(1):63-81.

Zhang, Y. Does private tutoring improve students' National College Entrance Exam performance? A case study from Jinan, China[J]. Economics of Education Review, 2013(32):1-28.

Zhang, Y. Private tutoring, students' cognitive ability and school engagement, and the formal schooling context: Evidence from middle school students in China[J]. Chinese Journal of Sociology, 2018(2):277-298.

Zimmerman, B. J., Bandura, A., Martinez-Pons, M. Self-motivation for academic attainment: The role of self-efficacy beliefs and personal goal setting[J]. American Educational Research Journal, 1992(3):663-676.

安雪慧. 教育期望、社会资本与贫困地区教育发展[J]. 教育与经济, 2005(4):31-35.

鲍威, 陈亚晓. 经济资助方式对农村第一代大学生学业发展的影响[J]. 北京大学教育评论, 2015(2):80-96.

北京大学中国教育财政科学研究所. 2017年中国教育财政家庭调查：中国家庭教育支出现状[R]. 中国教育财政, 2018.

布迪厄. 文化资本与社会炼金术——布迪厄访谈录[M]. 包亚明, 译. 上海：上海人民出版社, 1997.

陈瑞, 郑毓煌, 刘文静. 中介效应分析：原理、程序、Bootstrap方法及其应用[J]. 营销科学学报, 2013(4):120-135.

陈涛, 巩阅瑄, 李丁. 中国家庭文化价值观与影子教育选择——基于霍夫斯泰德文化维度的分析视角[J]. 北京大学教育评论, 2019(3):164-186,192.

程猛, 陈娴. "读书的料"及其文化意蕴[J]. 基础教育, 2018(4):22-28.

程猛, 康永久. "物或损之而益"——关于底层文化资本的另一种言说[J]. 清华大学教育研究, 2016(4):83-91.

程猛. 农村出身：一种复杂的情感结构[J]. 青年研究, 2018(6):64-73.

程猛. 向上流动的文化代价——作为阶层旅行者的"凤凰男"[J]. 中国青年研究, 2016(12):91-97.

丁小浩, 翁秋怡. 权力资本与家庭的教育支出模式[J]. 北京大学教育评论, 2015(3):130-142.

董永贵. 突破阶层束缚——10位80后农家子弟取得高学业成就的质性研究[J]. 中国青年研究, 2015(3):72-76.

杜亮, 刘宇. "底层文化资本"是否可行——关于学校教育中的文化资本与社会流动的几个理论问题的探讨[J]. 中国青年研究, 2020(5):36-42.

方超,黄斌.马太效应还是公平效应:家庭教育支出与教育结果不平等的异质性检验[J].教育与经济,2020(4):58-67.

方晨晨."望子成龙""望女成凤"有用吗——基于CEPS2014调查数据的经验研究[J].上海教育科研,2018(2):33-37.

方杰,温忠麟,张敏强,等.基于结构方程模型的多重中介效应分析[J].心理科学,2014(3):735-741.

方杰,温忠麟,张敏强.类别变量的中介效应分析[J].心理科学,2017(2):471-477.

方杰,张敏强,李晓鹏.中介效应的三类区间估计方法[J].心理科学进展,2011(5):765-774.

方长春,风笑天.家庭背景与学业成就——义务教育中的阶层差异研究[J].浙江社会科学,2008(8):47-55.

高燕.父母教育卷入对中小学生学业成就的影响:家庭社会经济地位的调节作用[J].教育测量与评价,2016(12):40-46.

郝煜.中国的长期社会流动性,1645—2010:姓氏方法[J].经济资料译丛,2013(2):57-65.

何瑞珠,卢乃桂.从国际视域论析教育素质与平等:PISA的启示[M].北京:教育科学出版社,2009.

何瑞珠.家长参与子女的教育:文化资本与社会资本的阐释[J].教育学报(香港),1999(1):233-261.

何晓群,闵素芹.分层线性模型层-1自变量中心化问题研究综述[J].统计与信息论坛,2009(9):48-52.

何章立,丁小浩.现金资助对贫困高中生学业成绩的影响研究——基于随机干预实验的证据[J].教育经济评论,2021(3):90-104.

洪岩璧,赵延东.从资本到惯习:中国城市家庭教育模式的阶层分化[J].社会学研究,2014(4):73-93.

胡安宁.文化资本:何以文化,何以资本?——理论辨析与未尽议题[J].清华社会学评论, 2021(2):103-117.

胡咏梅, 范文凤, 丁维莉. 影子教育是否扩大教育结果的不均等——基于 PISA 2012 上海数据的经验研究 [J]. 北京大学教育评论, 2015(3):29-46.

胡咏梅, 杨素红. 学生学业成绩与教育期望关系研究——基于西部五省区农村小学的实证分析 [J]. 天中学刊, 2010(6):125-129.

黄超. 家长教养方式的阶层差异及其对子女非认知能力的影响 [J]. 社会, 2018(6):216-240.

黄亮. 家长参与学校教育对初中学生认知能力表现影响的实证研究——基于中国教育追踪调查基线数据的分析 [J]. 教育科学研究, 2016(12):53-59.

姜添辉, 周倩. 社会阶级与文化再生产——不同社会阶级家长的社会资本对文化再生产之结构化影响及其因应之道 [J]. 教育学术月刊, 2017(1):16-24.

康琪琪. 寒门学子如何实现学业逆袭——基于家庭抗逆力理论的实证分析 [J]. 少年儿童研究, 2022(1):47-57.

赖德胜, 孟大虎, 苏丽锋. 替代还是互补——大学生就业中的人力资本和社会资本联合作用机制研究 [J]. 北京大学教育评论, 2012(1):13-31.

蓝郁平, 何瑞珠. 从 PISA 剖析家庭社会资本对学生基础能力的影响 [J]. 教育学报, 2013(1-2):65-83.

李波. 父母参与对子女发展的影响——基于学业成绩和非认知能力的视角 [J]. 教育与经济, 2018(3):54-64.

李春玲. 社会政治变迁与教育机会不平等——家庭背景及制度因素对教育获得的影响 (1940—2001)[J]. 中国社会科学, 2003(3):86-98.

李佳丽, 何瑞珠. 家庭教育时间投入、经济投入和青少年发展：社会资本、文化资本和影子教育阐释 [J]. 中国青年研究, 2019(8):97-105.

李佳丽, 胡咏梅, 范文凤. 家庭背景、影子教育和学生学业成绩：基于 Wisconsin 模型的经验研究 [J]. 教育经济与评论, 2016(1):70-89.

李佳丽, 胡咏梅. 谁从影子教育中获益？——兼论影子教育对教育结果均等化的影响[J].教育与经济, 2017(2):51-61.

李佳丽, 薛海平. 父母参与、课外补习和中学生学业成绩[J]. 教育发展研究, 2019(2):15-22.

李佳丽. 家长参与和代际闭合对初中生认知能力的影响——基于科尔曼社会资本理论的分析[J]. 教育发展研究, 2017(Z2):6-14.

李佳丽. 谁从影子教育中获益——基于选择假说和理性选择理论[J]. 教育发展研究, 2016(20):66-73,80.

李佳丽. 中国陆港两地影子教育状况比较及其对教育质量和公平的启示[D]. 香港: 香港中文大学, 2018.

李瑾. 文化溯源:东方与西方的学习理念[M]. 张孝耘, 译. 上海:华东师范大学出版社, 2015.

李志峰. 家庭背景对学业成绩的影响研究[D]. 济南:山东师范大学, 2013.

李忠路, 邱泽奇. 家庭背景如何影响儿童学业成就?——义务教育阶段家庭社会经济地位影响差异分析[J]. 社会学研究, 2016(4):121-144.

梁文艳, 叶晓梅, 李涛. 父母参与如何影响流动儿童认知能力——基于CEPS基线数据的实证研究[J]. 教育学报, 2018(1):80-94.

林晓珊. "购买希望":城镇家庭中的儿童教育消费[J]. 社会学研究, 2018(4):163-190.

刘保中, 张月云, 李建新. 家庭社会经济地位与青少年教育期望:父母参与的中介作用[J]. 北京大学教育评论, 2015(3):158-176,192.

刘保中. "鸿沟"与"鄙视链":家庭教育投入的阶层差异——基于北上广特大城市的实证分析[J]. 北京工业大学学报(社会科学版), 2018(2):8-16.

刘保中. 家庭教育投入:期望、投资与参与[M]. 北京:社会科学文献出版社, 2020.

刘保中. 我国城乡家庭教育投入状况的比较研究——基于CFPS(2014)数据的实证分析[J]. 中国青年研究, 2017(12):45-52.

刘成奎, 齐兴辉. 公共转移支付能授人以渔吗?——基于子代人力资本的研究[J].

财政研究, 2019(11):77-90.

刘浩. 班级环境对初中生教育期望的影响研究 [J]. 青年研究, 2018(1):74-85,96.

刘浩. 中国家庭教养实践与阶层分化研究 [J]. 北京社会科学, 2019(8):62-75.

刘精明. 能力与出身：高等教育入学机会分配的机制分析 [J]. 中国社会科学, 2014(8):109-128.

刘精明. 中国基础教育领域中的机会不平等及其变化 [J]. 中国社会科学, 2008(5):101-116.

刘谦, 陈颖军. "寒门出贵子"现象的理论再探究——聚焦学业过程与社会文化要素 [J]. 华中师范大学学报(人文社会科学版), 2020(4):158-164.

刘占兰, 高丙成. 中国学前教育综合发展水平研究 [J]. 教育研究, 2013(4):30-37.

柳建坤, 何晓斌, 贺光烨, 等. 父母参与、学校融入与农民工子女的心理健康——来自中国教育追踪调查的证据 [J]. 中国青年研究, 2020(3):39-48.

卢春天, 李一飞, 陈玲. 情感投入还是经济支持：对家庭教育投资的实证分析 [J]. 社会发展研究, 2019(1):50-67,243.

卢珂. 北京市中小学生教育补习状况的调查研究 [J]. 上海教育科研, 2016(5):37-40.

帕特南. 我们的孩子——危机中的美国梦 [M]. 田雷, 宋昕, 译. 北京：中国政法大学出版社, 2017.

庞维国, 徐晓波, 林立甲, 等. 家庭社会经济地位与中学生学业成绩的关系研究 [J]. 全球教育展望, 2013(2):12-21.

庞晓鹏, 严如贺, 聂景春, 等. 农村小学生可以通过课外补习提高学习成绩吗? [J]. 教育经济评论, 2017(2):87-101.

仇立平, 肖日葵. 文化资本与社会地位获得——基于上海市的实证研究 [J]. 中国社会科学, 2011(6):121-135.

曲绍卫, 汪英晖. 大学生资助对德育水平、学业成绩和就业质量的促进作用 [J]. 中国高等教育, 2018(5):24-26.

孙伦轩, 唐晶晶. 课外补习的有效性——基于中国教育追踪调查的估计 [J]. 北京大学教育评论, 2019(1):123-141,191.

孙远太. 家庭背景、文化资本与教育获得——上海城镇居民调查[J]. 青年研究, 2010(2):35-43.

田丰, 静永超. 工之子恒为工?——中国城市社会流动与家庭教养方式的阶层分化[J]. 社会学研究, 2018(6):83-101.

田丰, 静永超. 家庭阶层地位、社会资本与青少年学业表现[J]. 复旦学报(社会科学版), 2018(6):190-200.

田丰, 杨张韫宇. 钢琴无用：上海中产阶层家长的文化资本培养策略[J]. 中国研究, 2019(2):95-112.

涂瑞珍, 林荣日. 上海城乡居民家庭教育支出及教育负担状况的调查分析[J]. 教育发展研究, 2009(21):21-25.

王甫勤, 时怡雯. 家庭背景、教育期望与大学教育获得：基于上海市调查数据的实证研究[J]. 社会, 2014(1):175-195.

王庆欢. 课外补习费成家庭教育支出重头[N]. 光明日报, 2012-02-27(6).

王烨晖, 张缨斌, 辛涛. 父母教育期望对四年级学生数学成就的影响：多重中介效应分析[J]. 心理与行为研究, 2018(1):96-102.

魏易. 校内还是校外：中国基础教育阶段家庭教育支出现状研究[J]. 华东师范大学学报(教育科学版), 2020(5):103-116.

文军, 李珊珊. 文化资本代际传递的阶层差异及其影响——基于上海市中产阶层和工人阶层家庭的比较研究[J]. 华东师范大学学报(哲学社会科学版), 2018(4):101-113.

吴愈晓, 黄超, 黄苏雯. 家庭、学校与文化的双重再生产：文化资本效应的异质性分析[J]. 社会发展研究, 2017(3):1-27.

吴愈晓, 黄超. 基础教育中的学校阶层分割与学生教育期望[J]. 中国社会科学, 2016(4):111-134,207-208.

吴愈晓. 中国城乡居民的教育机会不平等及其演变(1978—2008)[J]. 中国社会科学, 2013(3):4-21.

吴重涵, 张俊, 王梅雾. 家长参与的力量——家庭资本、家园校合作与儿童成长[J]. 教育学术月刊, 2014(3):15-27.

武玮, 李佳丽. 父母参与、未来信心与青少年发展——本地和流动青少年的对比分析[J]. 教育与经济, 2021(5):66-76.

习近平. 在会见第一届全国文明家庭代表时的讲话[N]. 中国青年报, 2016-12-12(2).

相楠, 赵永佳. "望"子成龙会否沦为痴心"妄"想？——论香港家长与子女教育期望之异同对学业成绩的影响[J]. 教育学报(香港), 2018(2):1-20.

肖磊峰, 刘坚. 家庭社会经济地位对学生学业成就的影响——父母参与和学业自我效能感的中介作用分析[J]. 教育科学研究, 2017(12):61-66.

肖日葵. 家庭背景、文化资本与教育获得[J]. 教育学术月刊, 2016(2):12-20.

谢爱磊, 洪岩璧. 社会资本概念在教育研究中的应用——综述与评论[J]. 清华大学教育研究, 2017(1):21-30.

谢爱磊. 精英高校中的农村籍学生——社会流动与生存心态的转变[J]. 教育研究, 2016(11):74-81.

熊和妮, 王晓芳. "贵人相助"：农家子弟教育奋斗过程中的教师支持[J]. 基础教育, 2019(2):29-38.

熊和妮, 王晓芳. 劳动阶层家庭语言的教育力量——基于农村大学生的叙事分析[J]. 贵州师范大学学报(社会科学版), 2018(5):47-55.

熊和妮. 家庭教育"中产阶层化"及其对劳动阶层的影响[J]. 教育理论与实践, 2017(7):30-34.

薛海平, 丁小浩. 中国城镇学生教育补习研究[J]. 教育研究, 2009(1):39-46.

薛海平, 王东, 巫锡炜. 课外补习对义务教育留守儿童学业成绩的影响研究[J]. 北京大学教育评论, 2014(3):50-62.

薛海平. 从学校教育到影子教育：教育竞争与社会再生产[J]. 北京大学教育评论, 2015(3):47-69.

薛海平. 家庭资本与教育获得：影子教育的视角[J]. 教育科学研究, 2017(2):31-41.

薛海平. 课外补习、学习成绩与社会再生产 [J]. 教育与经济, 2016(2):32-43.

杨春华. 教育期望中的社会阶层差异：父母的社会地位和子女教育期望的关系 [J]. 清华大学教育研究, 2006(4):71-76,83.

杨洪亮. 欧盟"影子教育"初探 [J]. 教育科学, 2012(4):72-75.

杨可. 母职的经纪人化——教育市场化背景下的母职变迁 [J]. 妇女研究论丛, 2018(2):79-90.

杨中超. 家庭背景与学生发展：父母参与和自我教育期望的中介作用 [J]. 教育经济评论, 2018(3):61-82.

余秀兰, 韩燕. 寒门如何出"贵子"——基于文化资本视角的阶层突破 [J]. 高等教育研究, 2018(2):8-16.

余秀兰. 父母社会背景、教育价值观及其教育期望 [J]. 南京师大学报(社会科学版), 2020(4):62-74.

余秀兰. 文化再生产：我国教育的城乡差距探析 [J]. 华东师范大学学报(教育科学版), 2006(2):18-26.

俞国良. 学习不良儿童的家庭心理环境、父母教养方式及其与社会性发展的关系 [J]. 心理科学, 1999(5):380-393.

岳昌君, 周丽萍. 家庭背景对我国重点高中入学机会的影响——基于2014年高等教育改革学生调查的实证分析 [J]. 华中师范大学学报(人文社会科学版), 2017(3):146-153.

曾东霞. "斗室星空"：农村贫困家庭第一代大学生家庭经验研究 [J]. 中国青年研究, 2019(7):38-43.

曾荣侠, 李新旺. 试论自我效能感对学生学业成就的影响 [J]. 教育研究与实验, 2003(4):53-55.

张聪聪, 朱新卓. 处境不利学生如何获得优质高等教育机会——"双一流"建设高校农村学生学业抗逆历程研究 [J]. 高等教育研究, 2018(12):25-33.

张京京. 高中资助模式引入国家奖学金制度的路径研究 [J]. 上海教育科研,

2017(2):12-15.

张京京.资本转化视角下助学贷款的社会流动效应分析[J].教育与经济,2015(5):11-19.

张羽,陈东,刘娟娟.小学课外补习对初中学业成绩的影响——基于北京市某初中九年追踪数据的实证研究[J].教育发展研究,2015(Z2):18-25.

张云亮.亲子互动、学校资源与学生教育期望——基于"中国教育追踪调查"的异质性分析[J].青年研究,2018(2):46-56,95.

赵延东,洪岩璧.社会资本与教育获得——网络资源与社会闭合的视角[J].社会学研究,2012(5):47-68.

郑洁.家庭社会经济地位与大学生就业——一个社会资本的视角[J].北京师范大学学报(社会科学版),2004(3):111-118.

郑磊,祁翔,侯玉娜.家庭对子女教育的代际影响效应:理论、方法与证据[J].社会发展研究,2018(3):177-202,245-246.

郑雅君.谁是90后名校优等生——文化资本与学业成就关系的个案研究[J].甘肃行政学院学报,2015(5):69-81.

钟宇平,陆根书.社会资本因素对个体高等教育需求的影响[J].高等教育研究,2006(1):39-47.

周皓.家庭社会经济地位、教育期望、亲子交流与儿童发展[J].青年研究,2013(3):11-26,94.

周文叶.家长参与:概念框架与测量指标[J].外国教育研究,2015(12):113-122.

朱焱龙."资本补给"与"自觉共情":低阶层子代获得高层次高等教育过程的代际支持[J].中国青年研究,2018(6):91-98.

后　记

笔者在香港中文大学跟随何瑞珠教授读博士时，博士论文聚焦于影子教育现状及其对教育质量和公平的启示的研究，除了博士导师的支持，这个题目也是受笔者的硕士研究生导师胡咏梅教授、首都师范大学薛海平教授、香港大学马克·贝磊教授的指导和启发而最终确定的。2018年毕业时正值"减负三十条"颁布，同时关于影子教育的研究也开始陷入瓶颈，譬如会开始思考为什么自己和其他专家学者的大部分研究得出的结论是"对于全样本学生群体来说，影子教育对学生发展没有影响，甚至会有消极影响"，但迫于教育和社会的竞争压力，即使父母对影子教育消费保持谨慎的态度，仍然会因找不到合理的家庭教育方式或者"替代品"而在焦虑的情况下进行盲目的家庭教育消费。再譬如，即使研究表明高质量影子教育可能对弱势学生群体更有益，但无法破解弱势阶层因家庭经济条件的约束而难以获得高质量影子教育的困局。所以在2019年申请课题时，笔者开始思考其他类型的家庭教育投入，如父母参与、家庭教养方式、父母情感支持等对学生发展的影响，期望通过拓展家庭教育投入研究，分析相较于影子教育等家庭教育经济投入，时间投入和情感支持是否对学生发展的影响更大，其能否代替经济投入，以及对哪一类学生群体的影响更大，并尝试打开家庭背景影响子女教育获得以及教育再生产的"黑箱"。

为了揭示家庭教育投入在家庭背景对学生发展影响过程中的作用，笔者开始将家庭教育投入从狭义的经济投入拓展至时间投入、情感投入等维度，并从教育生产函数、科尔曼社会资本理论、布迪厄等文化社会再生产理论等多学科理论视角进行分析，围绕"不同类型家庭教育投入对学生发展的影响作用和机制，挖掘不同阶层家庭的理性家庭教育投入决策"展开系列研究，尤其关注弱势阶层家庭通过家庭教育投入实现阶层流动的路径。期待为不同阶层家庭作出理性的教育投入决策提供实证依据，并通过家庭教育政策的正确引导，实现提高弱势阶层教育获得机会促进代际流动，实现教育公平。笔者和合作者尽可能挖掘已有的数据资源、采用相对科学的研究方法完成论证，虽仍有诸多不足之处，但期待能够在家庭教育研究领域不断丰富拓展的道路上留下自己的痕迹。

这本书是笔者毕业后独立完成的第一部学术著作，凝结了近五年的重要研究心得，借此机会，笔者要向研究的合作者、指导者以及大力支持本书研究的单位和个人表示衷心的感谢。感谢笔者的恩师胡咏梅教授，她不仅是本书的重要指导者、合作者，还是笔者学术道路、从教道路、生活道路上的重要引导者，是笔者学习的楷模，对她的感激之情无以言表。感谢笔者的博士研究生导师何瑞珠教授，何瑞珠教授是国际上最早开始对科尔曼社会资本理论进行实证论证的学者之一，也是最早将父母参与划分为基于家庭的父母参与和基于学校的父母参与的学者，是笔者踏入家庭教育投入研究领域的启蒙者。感谢笔者的重要指导者和合作者上海师范大学联合国教科文组织教师教育中心的张民选教授，张民选教授向世界传递中国经验的国际视野和高位战略胸怀是引领笔者开启国际比较研究、打开胸襟和开阔研究视野的重要领路人。感谢笔者的所有指导者和合作者，如黄斌教授、薛海平教授、魏峰教授、郑磊教授、梁会青博士、赵楷博士等，对笔者的指导和支持。感谢笔者的学生万欣、聂倩、樊启星参与本书部分章节的文字编辑工作。感谢全国教育科学规划领导小组办公室、上海市教育科学规划领导小组办公室、上海师范大学对笔者主持的课题"社会分层视角下我国家庭教育投入行为研究：影响效应和理性决策分析"的立项支持，感谢中国人民大学中国调查与数据中心、北京大学中国社会科学调查中心、北京师范大学中国基础教育质量监测协同创新中心、经济合作与发展组织国际学生评估项目为本书提供的大力支持。

感谢夏惠贤教授、黄海涛教授和阎亚军教授的支持，让拙作得以获得在浙江大学出版社出版的机会。同时也向浙江大学出版社吴伟伟老师的编辑团队表示衷心感谢，感谢她们对本书的细致修改。

最后要感谢笔者的父母——李建仓先生和赵焕妮女士，你们为笔者营造的严格、踏实、有爱的家庭教育环境是笔者坚信"寒门"能出"贵子"并进行探索的重要原因。感谢笔者的家人，作为笔者学术研究中的重要观察对象，你们无私的爱与支持以及彼此之间的互动和关怀是笔者坚信时间投入、情感支持是摆脱经济束缚，对人生发展产生重要且持久影响的关键。

谨以拙作献给所有关注家庭教育投入研究的读者朋友，由于笔者能力有限，书中疏漏在所难免，不妥之处恳请读者批评指正。

李佳丽

2024 年 7 月 23 日完成于上海